김재원 시집

깨달음으로 뜨는 별 하나

김재원 시집

깨달음으로 뜨는 별 하나

문화발전소

자서自序

내가 정말 시인인가, 누구에게 물어 볼 수도 없었다

또 한 번 실수하는 건 아닌가 모르겠다. 그냥 조용히 넘어갈 일이지 뒤늦게 시집을 내다니…. 또 한 번의 실수를 내 인생에 추가하는 건 아닌지 모르겠다는 회의가, 시집 원고를 넘기고 나서도, 불쑥 치솟는 밤이면 자다가도 벌떡 일어나 앉아 밤을 새우기도 한다. 인생에 길목마다 있었던 일들을 실수로 치부하고 산 사람에겐 당연한 회의와 망설임이다.

그렇다면 시를 쓴 것 자체가, 문학을 하겠다고 나선 것 자체가 실수였을까? 1959년 (고등학교 졸업반 때였다) 조선일보 신춘문예를 통해 신동엽과 함께 시인으로 데뷔한 것도 실수에 속한다면, 60년대 중반 군사정권 치하에서 눈치 보기 싫어 이를 악물고 감행한 절필도 지금 생각하면 실수에 속할 수 있다.

어쨌든 실수에 실수를 무릅쓰고 시집을 내는 실수를 또 저지른다. 시인이고 우리나라에선 드물게 유능한 잡지인인 월간 see의 민윤기 편집인의 간곡한 권유로 시집을 묶으면서 나는 또 한 번의 실수를 생각해낸다. 금년 정초 방송을 통해서 금년에 시집 내겠다고 약속을 했는데 그것까지 실수로 밀어붙이고 싶진 않다.

이 시집의 1.2.3부 분류는 나로서는 의미가 깊다. 1부는 절필한 지 거의 30여 년만의 시들이다. 그동안 '직장생활' '여원' '소설문학' '신부'를 비롯한 몇 개의 잡지 경영, 그리고 처절한 경영실패 등 시와 좀 먼 거리에 있다가 거의 30여 년 만에 쓴 시들이다. 2부는 결혼하고 생활인이 되어 가급적 조용하려고 애쓰면서 쓴 시들인데, 나도 모르게 불끈불끈 치솟은 불길이 거칠게 나타난 부분도 없지 않다. 그리고 3부는 저항시인이란 렛델을 달고 살던 시절, 물 불 안 가리고 겁 없고 그야 말로 붙들려 다니면서, 그야말로 죽일 테면 죽여라 하고 쓴 시가 대부분인데, 지금은 그것까지도 실수로 치부하고 싶은 심정을 독자들이 이해해 주기만 바란다.

데뷔한 지 60여 년이 다가오지만, 그동안 딱 한 번 여원사 발행인 시절, 그러니까 1980년 봄에 시집 준비를 했다. 인쇄 직전까지 갔다가 5.18사태가 터지는 바람에, 또 군사정권이 시작되는 바람에 인쇄용 대지를 불질러 버렸다. 그래도 시를 대하는 자세만큼은 참 엄격했다는 생각이 든다. 시를 쓰지는 않더라도 시를 모욕하지는 말자는 생각에 너무 깊이 사로잡혀 있었던 때문인지도 모른다.

살면서 많은 분들에게 신세도 지고 실망도 주었다. 기분은 아직 소년 같아서 처녀시집을 낸다는 사실에 대해 두근거림과 수줍음이 앞선다. 그리고 시집을 내는 지금까지 여러분의 넘치는 사랑을 받은 데 대해 감사한다. 특히, 항상 희망의 메시지만을 보내준 '기쁨세상'의 이상헌 선생, 많은 도움을 준 (주)인산가 김윤세 회장(광주대학 대체의학과 교수)에게 감사한다.

괴롭고 기나긴 인고의 시간 동안 곁에서 나를 어질고 안타까운 눈으로 지켜봐준 아내와, 아버지의 무참한 실패에도 자랑스럽게 성장해준 장남 진세(고려제일정신과 병원 원장), 딸 희진(경희궁한의원 원장), 차남 윤세((주)핀란디아 대표이사), 사위 김종구((주)하이드로코어 이사), 며느리(조용주, 유선영), 그리고 무럭무럭 잘 크고 있는 손자손녀들에게도 감사하고, 참 부끄럽다.

2014. 해 넘어 가는 12월에
김 재 원

목차

자서 ———— 005

/ 1부 /
두 장 쓰는 편지에 열 장을 찢네

깨달음으로 뜨는 별 하나 ———— 014
내생에 뜨는 별 ———— 015
아시나요 대나무 울음소리 ———— 016
108개의 새끼발가락으로 ———— 018
혼자는 없다 ———— 020
내가 당신을 백두산이라 부르는 것은 ———— 022
해탈실패 ———— 024
죽어서도 내가 사랑할 그 여자가 당신이라면 ———— 025
하루에 열두 번씩 세상을 용서하고 ———— 026
가는 그림자 짧은 햇볕 ———— 027
두 장 쓰는 편지에 열장을 찢네 ———— 028
이 가을 나의 긴장을 ———— 029
해가 뜨면 베개를 내려놓듯이 ———— 030
우리는 울며 어디로 가야 하나 ———— 032
가을의 내 억지 ———— 034
50년 만에 부르는 연가 ———— 036
당신은 묻지 않았다 ———— 038

/ 2부 /
몸부딪는 비둘기

사생활 ——— 040
손의 의미 ——— 042
가장 행복한 새처럼 ——— 045
무너져 내리는 하늘의 무게 ——— 046
순리 ——— 049
신발창에 묻은 완숙을 ——— 050
문 ——— 052
조간 ——— 054
무병 ——— 056
근성 ——— 058
몸 부딪는 비둘기 ——— 060
시를 찍다 ——— 062
노을만큼은 ——— 064
갈매기 ——— 066
아내의 모국어 ——— 068
불면 ——— 070
처음 오는 비 ——— 072

파도타기 ——— 074
월말 ——— 076
증권 ——— 078
눈 감은 세상 일출의 몸으로 ——— 080
가을국전 ——— 083
곁눈질만 하다가 ——— 084
성불 ——— 086
오후 두 시 ——— 088
뒤늦게 내리는 눈 ——— 090
상경기 ——— 092
악장에 묶인 노래 ——— 094
시외선을 타고 ——— 096
열 번이나 다시 썼다 ——— 098
시지프의 캘린더 ——— 100

/ 3부 /
당분간

당분간 ——— 104
그럴 수 있느냐고 ——— 107
손오공도 싫다는 나라 ——— 108

그날 너는 내 옆에 있었는데 ——— 112
입만 다물면야 ——— 115
내버릴 역사 속을 ——— 116
수신제가 ——— 120
나뭇잎들이 내는 소리 ——— 123
순서는 그렇게 되어 있다 ——— 127
입춘에 묶여온 개나리 ——— 131
목 마른 용의 비늘에 ——— 133
기도문장 ——— 136
시대의 왕자처럼 크게 살라고 ——— 138
5월의 천하지대본 ——— 140
어려웁게만 한 마리씩만 ——— 142
맞바람 일으켜 하늘을 부르려 ——— 145
황소가 우리더러 ——— 148
병풍 속의 수탉처럼 ——— 150

시론
제 정신을 갖고 사는 사람은 없는가/김수영 ——— 153

해설
젊은 시 정신의 청솔 빛 향기가 살아 움직이는
시의 세계/심상운 ——— 161

1부
두 장 쓰는 편지에 열 장을 찢네

깨달음으로 뜨는 별 하나

내가 눈이 천개인들
어떻게 당신을
다 알 수 있겠습니까.
내가 손이 천개인들
어떻게 당신을
다 안을 수 있겠습니까.
당신의
손길 하나
눈짓 하나
내 것으로 할 수 없던
미망한 금생(今生)에
깨달음으로 뜨는 별 하나
오늘도 나의 하늘에
소식이 없습니다.

내생來生에 뜨는 별

어느 별이 서울에서 가장 가까운지
어느 별이 이승에서 가장 아름답게 보이는지
눈 감기 전에 그것부터 알아놓아라.

지구 밖으로 걸어 나가
대천세계 끝없는 별 중에
가까운 별 하나 물색해 두었다가

먼저 간 사람이 자리 잡은 다음,
따라 갈 수 있다면
아주 자연스런 해탈이 되리니.

다른 별에 가서도
세상에서 가장 사랑했던 사람과
만나는 방법은 그것뿐이려니.

이승에서
운명에 걷어 채인 사람
위로할 방법도 그것뿐이려니.

아무것도 가진 것 없이
빈손으로 그 강물을 건너더라도
내생來生에 뜨는 별을 마련하려니,
내생에 뜨는 별을 마주하려니.

아시나요 대나무 울음소리

가녀린 가지 끝에 바람이라도 불면
대나무는 몸통으로 울음소리를 낸다.
속이 허해서 대나무는
울음이 많다.

곧을 줄밖에 몰라서 대나무는
작은 새의 날갯짓에도 울음소리를 그치지 못한다.
대나무는 울려고 태어났다.
사람이 그러하듯이.

사람도 대나무처럼 곧기만 하면
오다가다 부딪치고
부딪치다가 부러져서
가진 것 다 잃고
눈물만 많아진다.

대나무는 곧은 채로 서서 울고
대나무처럼 곧기 만한 사람은
대나무처럼 속이 허해서 허한 인생을 채울 것이
눈물밖에 더 있겠는가.

사람이나 대나무나 이리저리 부대끼고
부대끼다가 부러지기도 하지만
그래도 대나무는 속이 비어
부러지진 않는다.

곧기 만한 사람은 부러지기도 잘해서
사람이 부러질 때 곧기 만한 대나무가
사람 대신 온몸으로 울어주긴 한다.

나는 온 몸이 마디마디 부서져서
마음대로 울음소리조차 내지 못하는데
나대신 울음소리를 내는 대나무.
그래서 지금 내가 듣는 대나무의 울음소리는
보이지 않는 곳에서 내가 우는 소리인가

108개의 새끼발가락으로

새끼발가락이 망가졌다고
당신이 뒤늦게 알려 주고 간 날 밤
나는 꿈속에서도
내 새끼발가락을 잘라 낼 수 없었다.

나의 그림자 속을 헤매던
그 예쁜 당신의 발과 새끼발가락.

108개의 새끼발가락이
당신의 발에서 새롭게 돋아나던 밤.
나는 그 하나하나마다
모조리 입 맞추며
삼생三生의 아픈 눈물 다 모아 흘렸지만
내 새끼발가락은 끊어내진 못했다.

당신의 새끼발가락마다
108개의 약속을 걸고
나는 그날 은하수를 가로 질러
다른 별로 이사할 준비를 시작했지만
내 새끼발가락은 끊어내진 못했다.

하늘의 모든 별들이
미안하다고 내게 울면서 발가락으로 몸을 바꿔
단호하게 해탈하는 밤에 조차
나는 내 새끼발가락을 끊어 내진 못했다.

별들이 발가락으로 몸 바꿔
하늘이 어둠만으로 존재하는 밤에도
당신의 새끼발가락은
나를 용서 하지 않았다.
밤마다 하늘에선 새끼발가락이 쏟아져 내리고.

별들이 다시 제자리를 찾는다 해도
하늘이 다시 제자리를 찾는다 해도
망가진 당신의 새끼발가락은
끝내 돌아오지 않을 것인가.
돌아오지 않음으로 해서
나를 용서하지 않을 것인가.

혼자는 없다

1

햇볕과 바람에 당부했다.
음력 정초 매운 날씨에
화분에 금잔화 씨앗을 묻어놓고
매일 아침 물을 주며 당부했다.
영하의 날씨에 한 판 승부를.

마침내 오늘 아침
땅을 밀어 올리고
새싹을 세상에 내 보낸 금잔화의 윤회輪回.

제 배를 갈랐다.
은회색 배를 갈라
초록색 싹을 밀어 올린 뒤
자취조차 없어진 금잔화의 탯줄.

연초록 새싹은 은회색 씨앗을 기억하지 못하는가.
파도도 때로는 바다를
기억하지 못할 수도 있다.
오직 잊혀지기 위해 존재했던
금잔화 씨앗의 아름다운 수연隨緣.

2
혼자가 없다.
금잔화 작은 씨앗 배 가르는데도
햇볕과 바람과 물기가,
하늘과 골짜기와 강물에서 시작하여
이 작은 화분에 모이기로,
여러 생生 전에 발원 했을까.
그것 모두를 섭리하는 손 길 따로 있으니
금잔화 씨앗 배 가르는 데도
혼자가 없다.

내가 당신을 백두산이라고 부르는 것은

내가 당신을 백두산이라고 부르는 것은
천지 물가에 누워
눈물 보다 뜨거운 울음을 울어도
반가사유상으로 쭈그리고 앉아
온갖 설움을 다 늘어놓았는데도,
백두산은 미간 한 번 찌푸리지 않아서다.

당신이 오랜 동안 백두산에 오르지 못할 때에도
내가 당신을 백두산이라 부르는 것은
내가 마지막 돌아 갈 곳을 백두산으로 정했기 때문이다.

당신은 어느 해 영하 20도의 천지 곁에서
온몸이 얼어붙는 밤 기도를 하고 돌아온 후
밤이면 백두산 하늘에 뜬
그 별을 찾고 싶어 했다.

당신이 백두산에 오를 때마다
나는 당신의 업이었고 운명이었지만
백두산은 운명과 상관없을
내 인생의 실패조차

한 방울 눈물로 녹여 천지에 안았으니.

당신이 백두산에 오르지 못한 지난 해에는
내 가슴 한 구석이 무너지면서
천지가 흘러들기 시작하다가
지금은 밤마다 천지 하나가 가슴 가득 고이고.

내가 당신을 백두산이라고 부르는 것은
내가 없는 빈 집에서 당신이 잠들지 못하는 밤이면
나도 백두산도 잠들지 못하기 때문이다.

당신이 백두산에 오르지 못한 지난해부터
백두산은 아예 당신 곁으로 옮겨 앉았고
천지는 밤마다 내 가슴에서 울렁이고 있음이여.

시도 때도 없이
내가 당신을 백두산이라 부르는 것은
백두산은 너무 멀리 있기 때문이다.

해탈 실패

1
해탈에 실패한 사람끼리 둘러 앉아
끓는 소주를 마실 때
바다에선 서쪽으로부터
수염 난 달이 뜨고.

2
다음 생으로 거듭 나랴.
숙생宿生을 끈질기게
따라온 나의 습習은
내 내생來生의 홈페이지에 들어가
줄기세포로 숨어 있다가
새로운 DNA로 환생하리니.

3
묵언 하리라. 다시태어나면.
입으로 이름으로 짓는 죄 무거워
묵언부터 하리라.
해탈에 실패한 사람들은
눈이 멀어 제 얼굴을 못 알아보고.

죽어서도 내가 사랑할 그 여자가 당신이라면

죽어서 내가 사랑해야 할
그 여자가 당신이라면
살아서는 아는 듯 모르는 듯
스쳐 지나가기만 할 것을.
살아서는 부처님께 참배하듯
합장만 하고 물러설 것을.
길어야 108배로 인연을 마감하고
사랑도 상처도 없이 지나칠 것을.
죽어서도 내가 사랑할
그 여자가 당신이라면.

하루에 열두 번씩 세상을 용서하고

세상에 태어난 것 밖에는
세상을 모욕한 일 없지만,
세상은 기회 있을 적마다 나를
모욕했고 몰아붙였습니다.

누군가 내 얼굴에 뱉은 침을 빗방울이라
미화할 아량도
위증할 요량도 없습니다.

뺨을 때린 사람을 사랑할 수는 있지만
그 사람 극락 가는 것까지 찬성하라시면
차라리 모욕을 받겠습니다.

하루에 열 두 번씩 세상을 용서하고
그 이튿날 열 세 번씩 후회합니다.

가는 그림자, 짧은 햇볕

당신은 늦가을
들녘에 선 한 그루 나무.
삭풍은 쉬임 없고.

한 생애를 채우고도 남았을
기나 긴 세월 동안,
어떻게 건너 왔나
거칠고 사정없는 파도타기.

몸이 녹고 마음이 찢겨
누워있는 시간이 더 많아진
당신의 한숨 오늘 밤도
내 가슴에 와 닿네.

한숨을 참으며
돌아눕는 가냘픈 어깨.
내 눈동자에 와 박히네.

당신의 긴 그림자
늦가을 햇볕을
데리고 서 있네.
가는 그림자.
짧은 햇볕.

두 장 쓰는 편지에 열 장을 찢네

하얀 종이를 사이에 두고
당신과 마주앉네.

눈물이 먼저 앞장서서
떨어져 사는
당신에게 가려 하네.

마음을 옮기기도 전에
젖을 것 같아 물러앉네.

얼룩진 본심
보이기 싫어
두 장 쓰는 편지에
열 장을 찢네.

이 가을 나의 긴장을

정신 나간 매미들 대책 없이 울어댈 때
정신 차린 매미들 억울해서 울어댈 때
이 가을 나의 긴장을 당신은 이해하는가.

땅속에서 7년을 기다리다 받은 세상
기껏해야 7주 만에 마감하라 하시면,

무명에서 건너와 죄지으며 살다가
다시 무명의 업業을 업고 마감하라 하시면,

어느 매미가 이 가을 억울하다 울지 않으랴.
어느 무명이 이 마감 긴장하지 않으랴.

해가 뜨면 베개를 내려놓듯이

그만 내려놓아라.
하나가 필요할 때
둘을 가지려 했던 욕심도
용서하면서도 버리지 못한 미움도,
안타깝게 밤마다 부르던 이름도.

운명에 목덜미를 잡혀
낚시 바늘에 입술 걸린 잉어.
몸부림치며 끌려온
날건달.

그만 내려놓아라.
너무 늦었다.
몸을 팔듯 소신과 경력을 팔기도.
햇볕마저 한 뼘만 남아
애처롭게 저녁놀만 펼쳐 놓은 하늘가.

그만 내려놓아라.
내려놓고 자유로워라.
해가 뜨면 베개를 놓아 주듯이.

아직도 더 받을 모욕을
문밖에 나가 서서 기다릴 생각이냐.
이제 양말을 벗어라.
발톱이 길면
가는 길만 발끝에 채일 테니.

우리는 울며 어디로 가야 하나

하루가 저물어 가고 있다.
기다렸다는 듯이 후회하는 소리가 들린다.
새들은 숲으로 돌아가기 시작하고
하루 종일 어슬렁거리던 나는
이제야 뒤를 돌아다 본다.

열심히 심었으나 백지에
아무것도 맺은 것이 없다.
그림자조차도 나를 떠나고
놀라서 주저앉을 시간도 없으니.

꽃 한 송이 피우지 못한 사람들은
우루루 바다로 몰려 나간다.
흙에서 못 이룬 인연 물에서 이루려고
우루루 바다로 몰려 나가지만
지는 해는 수평선에 눈썹까지 잠겼다.

이룬 것은 이룬 것대로
설익은 것은 설익은 대로
하루가 해탈 하는 시간.

새들은 울며
숲으로 돌아가는 시간.
바다에서도 재미를 못 본
우리는 울며 어디로 가야 하나.

가을의 내 억지

일년생 초목들은 입추立秋의 문턱에서
낙엽의 예감에 몸을 떤다.
가을은 이미 봄부터 시작되고 있었다.

잎 떨어진 등걸에
단 몇 개의 여문 과일도 얹어 놓지 못한 채.

여름새들도 서두르기 시작한다.
뜻대로 머물지도,
원할 때 떠나지도 못하는
살아있는 것들의 유한有限.

당신 곁에 한 번 뿐인 이승도
가을 햇볕 속에 기울기 시작한다.

팽팽하게 긴장하며 살던 내가
느슨해진 나를 무어라 빈정댈 것인가.
무어라 위로할 것인가.

불가능한 욕망과 약점 없는 삶 사이에서
잠 못 들어 뒤척이던 날들을 지나
그림자도 내 곁을 떠나려는 밤마다,

실패한 인생도 아름다울 수 있다는 가을의 내 억지를
당신인들 무어라 위로할 것인가.

당신 앞에 서면 고개를 드는 온갖 부끄러움.
부끄럽기 위해 나는 당신을 만났는가.
가을이 내게 가르치는 것은 부끄러움뿐인가.

50년 만에 부르는 연가 戀歌

그날 나는 무릎 꿇고 기도하고 싶었다.
평생을 단 한 사람 곁에
눈 밝은 사람으로 남아 있기를.

그날 나는 당신의 발을 씻겨 주고 싶었다.
당신의 발을 씻겨주며
무릎 꿇고
청혼하고 싶었다.

처음 만남에서 나는 당신의 운명이고 싶었다.
운명이고 싶었던
그것이 이미 운명이었다.
나의 운명보다 당신의 눈물을
더 아파하는 사람이고 싶었다.

그날 나는 단 한 사람이고 싶었다.
평생에 단 한 사람만을 사랑하는
단 한 사람이기를.

오늘도 나의 마음은 별처럼 자리를 옮겨가며
어둠 속을 헤맨다.
당신의 마음이 자리 잡는 곳을 찾아서.

50년이 지나도록
당신의 발 한번 씻겨주지 못하고
가슴 속엔 바늘 하나 꽂을 빈 틈이 없다.
당신이 내 가슴 속을 가득 채우고 있으니.

지금 황량한 들녘
일몰 앞에 서서
다시 무릎 꿇고
떨리는 음성으로
그 기도를 드리고 싶다.

당신은 묻지 않았다

얼마나 망가졌느냐고
당신은 내게 묻지 않았지만
날개를 다친 새이거나
흐름을 멈춘 강물이거나.

전생부터 망가져서 내가 왔다면
이번엔 망가진 채로
내생의 강을 건너가는 건지.
뿌리가 뽑혀 피지 않는 꽃처럼.
부서져서 뜨지 않는 별처럼.

목숨이 삶과 죽음 사이를
부지런히 드나들 적마다
그러나 나는 계속 망가지기만 했던가.

발자국도 못 남긴 채
울며 수미산을 넘어가는 새.
망가진 채로 당신을 만나
망가진 채로 내생으로 향하지만,
얼마나 망가졌느냐고
당신은 묻지 않았다.

2부
몸부딪는 비둘기

사생활 私生活

1
사해(四海)를 고루 더듬는 당신의 병보다도
크라이스트여,
한 여자를 보듬는 나의 병이
더욱 높은 발열(發熱)임을
크라이스트여,
보편은 관대하다.
그러나 한 개성을
망원경에 비친 별무리처럼
됫박질로 어떻게 헤어낼 수 있을까.

2
주말의 오후,
핵실험 반대 데모 중인
러셀을 위해 축배를 들고,
나는 나의 손이 부끄러웠다.
돌아오는 인가의 골목길엔
수제비 냄새만 늘어갔다.

3
자궁은 이미 흔들리고 있다.
꽃밭이든 쑥밭이든

무엇이든 가꿔야 하지 않느냐.
그러나 한 시민으로서
내가 손을 올릴 때,
애인 앞에서의 성욕 취급으로
나의 손을 막는 것은 누구냐.
자궁은 이미 흔들리고 있다.
내 의사도 묻지 않은
나의 탄생을
어깨에 지고
꽃밭이든 쑥밭이든
나는 무엇이든 가꿔야 하지 않느냐.
또 하나의 자궁은 이미 흔들리고 있다.

손의 의미

너의 손이 내 옆에
맑은 살결로 놓여 있던
그것은
로터리에 밀려든
5월이었다.

너는 웃고 있었다.
미소라고밖엔
말할 수 없는 그 웃음 앞에서

너는 버스를
나는 전차를 타고
마주 건너다보기만 하면서

5월이 밀려든 로터리에
왔을 때 눈물은 너에게서
나란히 할 수 없는,

마주 놓일 수 없는 내 손등에
떨어져 내리고
나의 가슴 속에서

세상은 겨울이었다.

서로 말도 없이 오게 된
로터리에서
이번엔 너와 내가 손을 잡고
같은 골목으로

꺾어들 순 없는가.
꺾어들 순 없는가.

하나의 네 웃음이
눈물이, 언어가, 눈짓이,
차가움을 위장하는

내게
햇볕이 되어 다가옴을
나의 손이 감지했을
그때 너로부터
나의 근처에,
뒤통수에, 간지러운 옆구리에,
그것은
너무 희다고

너무 맑다고만 의식되던

너의

손.

5월에

세상은

겨울이었다.

(동인지 〈현실〉 1963. 9. 15)

가장 행복한 새처럼

초록색 비단으로 싸고 싶지만
맑은 하늘로 씌우고 싶지만
조국은 거칠어 비단보가 찢길라
조국은 모자라 하늘빛이 남을라.

얼마나 큰가, 8포인트 활자보다
세계의 저널리즘, 그 많은 독자 앞
큰 사건 자료 밑에 주저앉아서
얼마나 큰가, 8포인트 활자보다.
그래도 나의 우주,
세계를 향한 나의 창문.
조국이여.
가난하다고 외면할 수 없는 어머니.
내가 딛고 선 태胎줄이여.
만의 반년을 울었는가.
서역 기원보다 더 많이
모든 여자들의 눈물보다 더 짙게.

나는 노래하리라, 행복한 새처럼.
조롱에 갇혀서도 창살을 잊는
아, 나는 노래하리라.
노래하며 나의 중년을 맞으리라.

무너져 내리는 하늘의 무게

이름 석 자.
두 칸 방.
기다리는 두 식구.
가문의 비탈길.
그 위에 하늘 무게.
펼쳐진 나의 세대.
버티고 선 바지랑대.

나는 바지랑대였다.
전신으로 나의 출생과
나의 땅, 나의 여자
그리고 나의 죽음을 버티고 선
나는 바지랑대였다.
한 여름의 남루襤褸는
삐라처럼 가을이 들판 길 위에
뿌리고 혼자서 떠나갔지만
이 가을 내가 버티고 선 남루는
손톱인가, 내 육신에,
나를 대지로 하여 자라는
하나의 풋풋한 수목이었다.
나는 버티고 선 바지랑대였다.

따뜻하고 떨리는 음성.
듣고 싶은 한밤의 독경소리.
배우느니 애꿎은 방아쇠 당기기.
열매를 암시치 못하는 꽃.
겨울의 예감이 없는 가을.
그러나 종소리가 방문하는 모든 가슴.
그 가슴에 안겨야 하는 나의 언어.
그 위에 하늘 무게.
누르고 얹힌 손.
태양까지 얼게 하는 비정의 손.
버티고 선 바지랑대.

나는 바지랑대였다.
그러나 아, 나도 고개 숙이고 싶었다.
교외선 창 밖에 절하는 이삭처럼.
그러나 속에서 익은 것보다
이마 위를 누르는 남루가 컸으니
절하면 쏟아질 온갖 신념은
삐라처럼 뿌릴 수 있는
가을의 나뭇잎은 아니었다.
흘러가는 계절의 순서는 아니었다.
항록색恒綠色 내 방의 거울이었다.

거울 속의 내 얼굴을 까뭉개고
나는 설 수 없는 바지랑대였다.
그래서 버티고 선 바지랑대였다.

영혼의 감칠 맛.
캐시미르.
수놓는 아내의 손.
바오로 6세.
철야 집필.
연말 보너스.
구론산.
TNT
8p 활자.
심야 테러.
깊이보다 넓은 관심.
무너져 내리는 하늘의 무게.
그 위에 누르는 세대의 고뇌.
버티고 선 바지랑대.

(현대문학, 1966. 1)

순리 順理

별소리를 말아라.
땅 위에서 어떻게 돌아가든
강냉이는 쫄깃쫄깃 맛이 오르고
배나무엔 물 많은 배가 열린다.
땅 위에서야 어떻게 돌아들 가든.

별 많은 밤이면 마당에 앉아
북두칠성 옆에서 북극성을 찾았지.
강산이 10년에 어떻게 돌아가든.
북두칠성 밑에는
아직도 북극성이 이름만 내걸고
은하수는 여전히 별을 뿌린다.

오욕五慾이야 눈감는 날
감은 눈과 함께
저승길 벼랑에서 투신하지만
별 헤는 밤과 춘추복을 이끌고
가을은 어김없이
시내까지 들어왔다.

땅 위에야 어떻게 돌아들 가든
어김없이 다시 제 길에 들어선
이 가을도 빛나는 낙엽 빛깔 순리順理.

신발창에 묻은 완숙完熟을

여름내 교정校正에 밀려간 나의 청춘을 이 가을 신간新刊은 보상할 것인가.
자빠진 글자를 일으켜 세우는 나는 적색 볼펜 끝으로 내 인생을 추스르진 못했다.

서울행 시외버스 정거장에서 단체 여행자들처럼 줄을 서서 기다리던 가을은 신발창에 묻은 완숙을 데리고 반 넘어 입성入城했지만 나의 한여름은 지면 밖으로 밀려간 초교에 밀려난 오자誤字인 것을. 풋과실채로 따는 또 하나 흉작인 것을.

바람에 쫓기는 깃발처럼 내 시간의 숲은 내달렸지만
잎이 무성했던 자리의 공간, 가을은 그 하늘만한 공간을 내 일지日誌에 남겨놓고 강냉이 속에 혼자 익었다.

인가의 골목길엔 때 묻은 여름을 몰아내는 다듬이 소리. 스물일곱째 내 인생의 공간을 타작하는 다듬이 소리.
숯불에 굽는 강냉이 냄새만큼도 나의 스물일

곱은 남긴 것이 없다.

여름내 자빠진 글자를 일으키며 교정에 말려간 나의 청춘을 이 가을 신간이 보상하지 못하면 씨 없는 과일 스물일곱 개, 잎이 무성했던 자리의 공간처럼 내 손에 27년을 잡혀온 것은 소금뿐인 것을.

(서울신문, 1965. 9. 25)

문
門

누가 밖에서 부르고 있다.

모두 멀리하고
나 혼자 돌아앉은 방 속에
저건 누구의 음성인가.

나는 지금 아무데고 갈 수 없다.
사실은 벌써 딴 곳에 가 있었다.

귀를 막고 엎드린 방 속에선
문 밖에 일어나는 일을
도무지 알 수가 없지만

그것은 다른 곳에서
내가 저지르는 일들이다.

나는 어느 로터리에서처럼
길을 잘못 들어
이 방에 오게 된 한 마리 짐승.

녹이 슨 방 안에 가구들을
하나도 버릴 수가 없다.

길에 떨어진 무슨 물체들을
나는 또 열심히 줍고 있다.

부르는 소리에 대답도 없이 엎드려서
문 밖에 나를 마주 부르는데

소유所有가 두 개로 갈라선 나에게
이대로 그냥 문이 열려도

낯선 마을에 들어선 객客을 향하여
개만 컹컹 짖고
나는 마침내 병들 것이다.

타협은
색만 같은 하늘과 바다.

문 하나를 사이하고
두 개의 나는
서로 손잡을 길이 없다.

(1959년 조선일보 신춘문예 데뷔작)

조간 朝刊

오전 4시.
아내가 틀어놓은
수도꼭지에서
나는 흘러내린다.
감질나게 흘러내린다.
날짜를 바꿔놓아도
착오 없이 닮은
어제와 오늘과 작년과 내년.
그 시간 사이를
나는 감질나게 흘러내리고.
흘러내리며 아내의
손이나 적셔주고
보드라운 것이 덜해가는
그 손이나 적셔주고.
날지 못하는 이상李箱의 새처럼.
서정주徐廷柱의 머슴처럼.
동서남북 달려봐야
손에 잡히는 출근과 퇴근.
그 일몰과 일출의 아름다운 질서.
대도大道, 왕도王道, 천도天道 같은 걸
외운 적이 있었나 어쨌나를
아무도 내게 묻지 않았다.

수도꼭지에서 오전 4시.
아내가 틀어놓은 수도꼭지에서
나는 감질나게 흘러내렸다.
흘러내리며 아내의 손이나 적시고.
내가 발행하는 조간은
날마다 그런 것이었다.
일기예보 빼고는 다른 것이 없었다.
오직 감질나게
흘러내릴 뿐.
흘러내릴 뿐.

무병 無病

의사의 지시대로 따끈한 물에
가루약을 입에 털어넣다가,
쳐다보지 마라.
이마를 짚던 어머니의
손길이 생각나
눈물진 나를.

쉬라고 한다.
욕심껏 벌려고 달려가는 걸음을
높이 오르려고 허둥대는 조바심을
여자만 보면 안으려는 속셈을.

쉬라고 한다.
가슴을 훑는 청진기 끝에
병명은 안 잡혀도 병인病因은 잡힌다고.
피부를 뚫는 주사바늘 끝에
이승은 안 찔려도 저승은 찔린다고.

골고루 둘러봐야
가지고 갈 만한
뼈저리게 귀한 것도
별로 없는 세상.

읽고 쓰는 책갈피
밤새도록 뒤져야
무릎 탁 칠 시어詩語 하나
못 감춰 본 시대.

미제 서독제 박사학위 가진
친절한 닥터 나의 주치의.
근엄한 얼굴로 날더러 쉬라고
신神의 대행자처럼.
오늘도 내 이마를
짚어 보고 갔다.

죽음만이 다스릴 병인 줄 알면서도
가루약을 입에 털어넣다가
눈물진 나를.
무병無病한 나를.

근성根性

출근부 네모진 칸 속에서
무안하다 못해서 출혈인 나.
이름 석 자가 뇌일혈에
벌겋게 물들어 갇혀 있어도
출근부 네모진 칸 속에
아직도 팔자소관 내 차지라는
가장자리에 텅빈 공허.
사각형 속의 동그라미가 못 채우는 보류.
세상은 언제나 사각형이고
내 이름 석 자는 아직도 동그라미.

바람이나 잡으려고
싹은
나뭇가지에 눈을 뜨지만.
허우적거리는 내 손에
금욕하는 사제司祭처럼 뜨거운 이마에
주저 없이 무거운 중량으로
얹혀오던 근무일지.
바람이나 잡으려고
싹은 나뭇가지에 눈을 뜨지만

전체의 밸런스를 주무르던 시대는

우리의 손에서 빠져나갔다.
나는 조촐한 소도구.
주인공이 없는 날엔
나도 없지만
내가 없어도 주인공은
내가 없는 걸 잊어버린다.
나는 조촐한 소도구.
바람을 넣어 코끼리 배를 만들어도
내게는 그것이 코끼리라도
밸런스에 있어선 조촐한 소도구다.

퇴근버스에서 주기도문을 왼다.
십 개월짜리 딸의 장난감은
생각하고 있지 않았다.
月日曜日天氣作業狀況備考決裁.
따뜻한 정종에 조기찌개보다
나는 그것이 그리워져 읊는다.
그것은 내 가슴에
성스럽게 간직된 주기도문의 일절이었다.

몸부딪는 비둘기

아내는 모를 것이다.
그 앞에 선 유일의 왕자
우주의 제1조인 내가
출근시간 5분 전
회사 근처의 횡단로,
황새처럼 꺼부정한 신체로
시계 보며 뛰어서 건너가는 것을.
인생은 뛰어가도
그렇게 가끔 지각하는 것을.

아내는 모를 것이다.
그에겐 두 번째 아빠,
제 그림자 말고는 둘째인 내가
내 키보다 5분 낮은
어느 장관의 비서실,
빼랑빼랑한 말투 대신 서류를 읍揖하고
눈치 보면 힐끔힐끔 숙이는 것을.
인생은 그렇게 절을 해도
가끔씩 나보다는 상전上典인 것을.

그러나 아내는 알 것이다.
그대하고, 또 하나 득남의 셋이서

세 칸짜리 전셋방
착실한 오욕五慾으로
시어머니가 사시는 구區에
문패라도 걸려면 야근을 하고
인기보다 싼 글을 써야 하는 것을.
인생을 받은 명을
득남의 몸에 묻어놓고 가는 것을.

구공탄으로 꽃을 피우고
눈물로 협박하는
아내는 아는 것, 모르는 것 합쳐서
내 인생을 빼고 더해 제자리에다
묶어놓고 정착시켜 가장이게 하고
양복저고리에 단추 되고 포켓되어
심심한 낮, 대견스런 밤을
단둘이서 우리는 몸 부딪는 비둘기.

시를 찍다

타이프라이터로 시를 쓴다.
밤새워 영혼의 목욕탕을 노크한다.
눈물겹게 그 문전에 손가락이 튄다.
벗은 영혼이 쇳소리에 물러선다.
기겁을 하고 문을 닫는다.
두드려도 아픈 것은 영혼이 아니다.
타이프라이터에도 상채기 하나 없다.
누르는 키마다 병아리가 튀어나온다.
병아리의 본적은 부화장의 기계 속이다.
품속을 헤집고 나온 시가 아니다.
손가락은 쇠붙이로 영혼을 긁는다.
불임증의 여인은 남자와 밤을 밝힌다.
도섭스런 체온계가 민망해서 나뒹군다.
영혼은 질겁을 해 물러선다.
총알을 재는 쇳소리에 놀랐다.
타이프라이터로 시를 찍는다.
무지개를 향하여 방아쇠를 당긴다.
키로 영혼의 정수리를 두드린다.
플라워 디자인의 가죽 꽃이 찍혀 나온다.
물기 없는 색채가 천덕스럽게 웃는다.
두들기는 손끝은 내가 아니다.
타이프라이터가 나를 번역해 나간다.

영혼의 목욕탕에 쇠갈고리가 개입했다.
영혼은 줄곧 문 닫은 자궁이다.

노을만큼은

남겨야지
죽을 때는
하다못해
노을 같은
슬픔이라도.

감은 눈 속에
저승이 노을만큼
비치지는 못하더라도
뉘 집 유리창
물들일 만큼은
슬픔이라도.

생각하면
모두가 부질없는
짓.
이니스프리에 퍼부은
예이츠의 악담처럼

사랑하고 배고 낳는 일에만,
노심초사했던
우리들의 조직.

우리들의 패싸움.

엎질러진
물이라도
남겨야지 눈감을 땐.
하다못해
노을 같은
슬픔이라도.

갈매기

나 대신 바다에
빠져 죽은
하늘의
머리 푼 망령亡靈의
잠 못 드는 날갯짓.
자연은 지나치게
정확한 섭리.
솟아올라도
내리꽂아도
표정 하나 안 바꾸는
코발트색
원칙.
투신投身한 여자가
뭉개 버린 질서가
택한 자유가
남긴 여백에
끼어들고 싶은 갈매기.
하늘과 바다
그 틈서리에 끼어
도섭스런 역리逆理를
음모하는 갈매기.
뛰쳐나갔으면.

출퇴근 시간처럼 잘 짜여진
하늘과 바다
그 사이 허용된 공간을
뛰쳐나가
삶의 유한책임有限責任을 찢어 버렸으면.
나 대신 바다에 빠져 죽은
하늘의
머리 푼 망령의
잠 못 드는 날갯짓.
욕구불만에 젖을 대로 젖어
이륙의 갈매기가
넘보는 지상地上.
투신한 여자의 죽음 자유가
비린내처럼 깔린 지상.
오늘도 한 마리 갈매기는
죽은 여자의 자유로
물 위에 표류하기를,
죽은 여자의 선택으로
무한無限의 강을 오르내리기를,
월급쟁이처럼 간만 본다.
출근길 퇴근길에 관혼상제冠婚喪祭 다 맡긴 채.

(한국문학, 1978. 12)

아내의 모국어 母國語

새벽에 눈 뜨면
벌써 집 나가고 없는 아내.
아내가 베던 나의 오른팔에
얹혀 오는 서늘한 이력履歷.
아쉬움이
식혀놓은 이부자리 속에서
허공을 안아보는
텅 빈 중년.

나는 아침마다
텅 빈 모음母音이다.
모국어를 가르치러 떠난 아내가
내게 가르친 텅 빈 새벽을.
아 모음처럼 비어 가는 연대年代를.
나는 열심히 마주 안아본다.
그럴 적마다 아침은 뒤로 물러간다.
체온만 묻어놓고 집 나가는 아내처럼.

아내는 오늘도 모국어를 가르친다.
음운론音韻論과 작시법作詩法과 어부사시가漁夫四時歌와.
그러는 그녀를 생각할 적마다

나는 자꾸 웃음이 나온다.
머리맡에 텅 빈 베개를 다시 보고
나는 자꾸 웃음이 나온다.
베개만 두고 나간 아내의 모국어.
나는 아침마다 비어 있는 베개다.
아내가 집에
두고 나간 모국어다.

불면 不眠

꼼짝 마라.
또 어딜 가려고
오감五感을 불러일으켜
대문을 나서느냐.

밤마다 두개골을 빠져나와
개천 건너 산 너머
암자를 찾아,
암자 밑에 무덤을 찾아
야행하는 너.

오늘도 내 두개골을 빠져나간
환자는 밤늦도록
골목 밖을 서성이다가
전신에 피멍든 채
지쳐 돌아왔다.

새벽이었다.
사람 냄새 안 나는
이슬을 입고 싶어
사람 냄새 안 나는
바람을 먹고 싶어

밤마다 가출하는 너.

하루 종일 쫓겨 다니다가
밤이면 일어나 무덤께로 달려가
먼저 죽은 사자死者에게
호령하는 너.
대신 죽은 사자에게
호령하는 너.

꼼짝 마라.
인사人事에 지쳐 후줄근한 몸으로
잠 안 오는 밤을 돌아누운 나를
담배처럼 피워서
눕혀둔 채 어디로 가려는 거냐.

처음 오는 비

비 맞는 도시는
싹트는 꽃밭.
연하게 가슴 적셔 잎 피게 하고,
처음 오는 비는
허리를 더듬어 말문을 열게 하는
겉옷을 벗기는 재촉인 것을.

툇마루 화분에
장미가지를 꺾어다 심고
득남처럼 열린 아내의 입술.
처음 오는 비 맞아 반쯤 젖은
꽃잎을 예감하는 아내의 입술.

도시를 싹틔우는
처음 오는 비
젖은 흙을 한 발로 딛듯

장미가지로 불을 찌르면
아내는 물이 밴
검은 흙 꽃밭.

처음 오는 비는

도시의 싹이고,
비를 맞은 아내는
득남의 꽃인 것을.

파도타기

거슬리지 마세요.
가벼운 중량 한 잎 낙엽인데
저 큰 울렁임을 어쩌시려구요.
돌아앉아 머리를
가슴에 집어넣고
따지지 마세요.
합리와 비리를 따지시다가
호흡이 안 맞으면
엎어지는 일엽편주.
물살 따라
드나드는 썰물 밀물 따라
흐느적 흐느적 기분 좋은 척
파도타기는 그런 거예요.
거슬리지 마세요.
운명은 이빨을 악물고
거친 파도 되어 달려드는데
수유(須臾)로 끝날 게임 어쩌시려고
거슬러 오르나요.
기어오르나요.
파도와 마주 서서
돈 걸고 마주 서서
부딪치고 싶어도

운명이니 팔자니 그런 것들 생각하고
거슬리지 마세요.
파도는 운명처럼
대세大勢되어 몰려오고
거슬리려다간 깨빡 치셔요.
흐느적흐느적 기분 좋은 척
즐기세요 저 쏟아지는 햇살이나.

월말 月末

광고가 이를 악물고 달려든다.
이번에 또 무엇을 달라는 거냐.

비척거리며 피해 가는데도
주택가 복덕방 간판에까지
올라앉아 내 아내와
자식들의 이름을
어떻게 알았는지 주워섬기며
CM을 노래한다.

불면이 나를 원수처럼 여겨
심야에도 일으켜 무릎을 꿇어앉히고
책을 펼쳐라.
읽어라, 읽어야 한다. 그리고
외워라, 외워야 한다.
불면이 고문하듯 책을 쥐어 주며
잠 못 자게 한 경력.

불면은 무너졌는가.
책과 광고가 공범이 됐다.
누가 시켰는가.
나를 광고에게 넘겨주기로.

아내가 가담하고
자식들이 동조하고
우쭐대는 광고는
월말이 되면
퇴근하는 나를 집 앞까지
미행한다. 원수처럼
이를 악물고 달려든다.
이번엔 또 무엇을 달라는 거냐.

피해 가는 우리 집.
피해 가는 나를 행복해 하며
아내가 웃는 소리.
어린 것들 무럭무럭 자라는 소리.
등줄기 치는
한 가닥의 시원한 음악.

월말을 노래하는
아내와 자식들의 홈홈 스위트홈.

증권證券

오늘도 나는 팔았다.
남고 밑지고는 따지지도 않았다.

독인讀人이 독讀을 팔듯
화가가 그림을 팔듯
재벌이 만화를 팔듯
오늘도 나는 팔았다.
남고 밑지고는 따지지도 않았다.

이력서 붙여서 학교를 팔고
발령에 얹어서 능력을 팔고
오늘도 매달려 전망展望을 팔고
남은 것은 파는 것밖에
없는 사람처럼 나는 팔았다.

커가는 경제. 살찌는 산업.
그러나 누군가.
거울을 보면 웃는 저 얼굴은.
거울 너머로 보이지도 않게
내게 망설이라 타이르는 음성은.

칼샌드백처럼 자유와 튜울립을

칼샌드백처럼 굴뚝과 공화국을
노래하며 나도 그 음성을 따라
망설이고 싶었다.
팔지 않고 싶었다.

그러나 오늘도 나는 팔았다.
남고 밑지고는 따지지도 않았다.
얼굴은 상종가上終價로 떨어져 내리고
원가原價보다 싸게 판 나의 개꿈.
꿈보다 비싸진 나의 해몽解夢.

눈 감은 세상 일출日出의 몸으로

을사년乙巳年 성불명聖佛命 나신 날에

사개가 물러난 세상을
두 손 벌려 버티시고저
둑이 터져 쏟아져오는 강물을
연잎 옷자락에 담으시고저
아, 왕궁 그 깊은 존처尊處에서
걸어서 나오셨네, 저자거리로.

속진俗塵에 젖은 구름
바람결에도 몸 못 가누는
오욕을 거느려 세상을 살랴.
눈앞에 춤추는 일년초
그 잠깐 왔다 가는 꽃으로
내생을 이승 길에 흘려보내랴.
가슴에 두 손 지성至誠으로 접고,
풍성한 열매는 숙이느니라
아, 나무관세음보살 부르며
어진 인성은 숙이느니라.

티끌 외기外氣, 색깔 진 겉옷 벗고
이리 들어서라, 연꽃 그늘에.
그 잎이 맺힌 이슬
네 인과因果를 다스리느니.

옥대玉帶를 버리시고 풀뿌리, 야숙野宿으로
동방일출東方日出 기슭
보리수 푸름 결에
터득하신 아, 제중지대도濟衆之大道.
굽어보시며 하늘 아래를
넘나드시며 인가의 골목을
눈짓 하시네 무욕천계無欲天界.
영생을 헤이는 염주옥念珠玉 둥근 열반

제게 눈을 주셨습니까.
제게 귀를 주셨습니까.
제게 입을 주셨습니까.
촉각조차 빠져 무너진 감화感化.

주신 것을 잃고 빈손으로
얽힌 인사人事만 집권執權 하는 빈손으로
당신의 일출을 부르는
눈먼 세상에 일출의 몸으로
내게 오신 당신을 부르는,
목마른 백성, 아 그 빈손 위에
단 하나 연근蓮根을
정화수精華水 뿌리듯

대도大道로 뻗을 연근
당신의 빛을
초파일처럼 밝은 등
그 어진 심지心志를.
'을사년 성불명聖佛命 나신 날에'

(불교시보)

가을 국전 國展

한 걸음 뒤로 물러서자.
그 동안은 너무 가까이 있었다.
엽서로 띄워 버릴 인사는 아니다.
깊이 감춰 둘 계명戒名도 아니다.
잘 그려 논 한 폭의 그림이다.
다시 그려도 비슷한 화폭이다.
거머리처럼 소매 끝에 매달려도 보았다.
낙엽처럼 가볍게 돌아서도 보았다.
한 발자국만 이제 물러서자.
가을국전 구경하듯이.
해마다 보는 그림 다시 보듯이.
그저 평범한 관객이 되어.
와도 그만 가도 그만 손님이 되어.

곁눈질만 하다가
시청 앞 분수 앞에서

땅에서 나를 놓아주시든지
위에서 누른 손을 거두시든지
꺾이지 않고 입신立身이게 하세요.

거꾸로 하늘에 소나기를 쏟으려는
나는 애꿎은 몽정인 걸요.
자수성가 안간힘 무단상경인걸요.

발돋움질하며
발돋움질하며
서울의 종가宗家 시청 창 너머
몇 페이지의 호적부밖엔
기웃거리질 못하네요.

곧이곧대로 빼롱거리다가
왕자처럼 굽이르는 기품이다가
나는 나의 인생을 물방울로
손가락 끝에서 튀겨 버린 거래요.

발끈하다가 돌아서는 삿대질.
당신과 헤어지던 정사 같네요.
그 정사처럼 기를 쓰다가

툭 꺾여 낙하하며 눈감는군요.

허리가 부러져 휘어진 몸이라도
멈출 수 없이 추스르는 역사.
인사人事에 눌리는 어깨처럼
눈 흘기다 허리 굽힌 나의 반원은
발돋움해야
발돋움해야
덕수궁 담 너머 몇 포기의 연꽃과
시청 창 너머 몇 페이지의 호적부만
곁눈질하다가 깜깜이래요.

우리 한생에 피는 금의환향도
곁눈질로만
몇 안 되는 방명록도 곁눈질로만
흘겨보다 손 털며 내려서는 거래요.

(창작과 비평, 1969. 3)

성불 成佛

이만하면 끄떡없는 부처님이다.
보는 것 듣는 것
삼라만상 호박씨
입에다 털어넣고
웃음으로 뭉개 버린
두꺼운 얼굴이다. 부처님이다.
사바세계 온갖 일.
거칠고 어지럽고 법도에 없는 일.
벌거벗고 말 탄 사또
돈은 주고 몸은 받고,
이름 감춰 매명하고.
소액환에 재미 붙여 머슴살이 발령받고.
그래봐야 삼장법사 손바닥 속을
날만 새면 뒤범벅
남자끼리 공범이
아니면 배신이고
여자하고 만나면
침 흘리다 땀 흘리고.
풀잎에 맺혔다가 이슬처럼 무너질
사바세계 속인들 몸놀림 입놀림.
보기야 보았지. 보고 웃었지.
이만하면 끄떡없는 부처님이다.

성불은 못했어도 가상해라 참을성!
보고도 못 본 척 앉은 채로 웃는
대불大佛이 따로 있나 죄 많은 세상.

오후 두 시

오후 두 시는 명랑한 대낮
인생이 한창 바쁜 시간이다.

구름이 하늘에 스친다든가
소나기가 한바탕 퍼붓는다든가
등에 식은땀이 흐른다든가

또는 포탄이 '금문도'로 날았다든가 하는
여러 개의 모습을 지니고

오후 두 시는
무엇이든 만들어 낸다.

아버지의 오후 두 시는
내 것 하고는 다르다

그것은 또 동생에겐
더 다른 시간이 된다

밝은 태양이 저렇게 떠 있어
어디서
죄스러운 일은 일어날 것 같지도 않은데

조금 있으면 나올 석간신문이
몰래 기다려진다

오후 두 시는 한창 바쁜 시간
깜깜한 대낮이다

(한글날 기념 백일장 장원 작품, 1958)

뒤늦게 내리는 눈

소유하지 말자. 손을 벌려 잡아 보아도 형체 없이 스러져 버리던 욕심. 나는 언제고 빈손이자. 미소같이 엷은 얼룩만 남기고 스러져 버리던 눈발처럼 아무것도 남아 있지 않게 나는 언제고 빈손이자. 명함만 남기고 무너진 경력처럼, 유서만 남기고 중지된 인생처럼, 보이진 않으나 실수 없는 죽음처럼.

나는 약속이고 싶었다. 2월이건 3월이건 기다리다가 첫눈이 오거든 그때야 만나자는, 나는 유치한 약속이고 싶었다. 그러나 나는 자유이고 싶었다. 한데 묶은 약속을 둘로 나눠 가지고 웃으며 돌아서는 적당한 자유이고 싶었다. 그러나 나는 또 눈물이고 싶었다. 당신의 눈시울에 눈물이 되어 글썽이는 세속적인 눈물이고 싶었다.

오늘 나는 만난다. 녹여버린 소유와, 구두창 밑에 질척거리는 욕심과, 돈 안 받고 뿌린 명함과, 겨울 보리밭에 몸을 떠는 풀잎 같은 인생과, 다시 저 히말라야 산꼭대기 쌓인 눈처럼 색깔이 분명한 죽음과, 그리고 약속과, 자유와, 눈물과, 그렇다 눈물. 오랜만에 나는 눈물을 만난다.

녹음기 속에 죽은 듯 숨겨져 있다가 한꺼번에 쏟아져 나오는 음악. 온 바다를 염색할 듯이 푸르게만 번져가는 하늘색깔. 마지막 고백처럼 한 마디도 안 남기고 다 털어놓으려는 뒤늦은 눈발 속에서 눈 먼 사내. 눈이 멀어, 당신의 눈에 글썽이나 보이지 않는 그 연한 눈물.

상경기 上京記

한 자리를 꽃 피우지 못하고
저는 빨려가는 강물이어요.

육신만 거느리고 살다보면
얻을수록 저는 닳아가는 것이어요.

귀 막고 안(內)에 것만 들을까 해도
속으로 깨물면
깨물수록 손해 보는 법이래요.

악물고 제깐엔 달려 봤지만
여래如來님의 손바닥,
그 이쪽인 걸요.

하늘에나 이슬은 풀릴 데가 있지만
내 설 자린 좁은 행간行間에 있지만
조그만 낙서落書로 끼일 자격이래요.

불평 속에 직녀織女가 손을 내려 보세요.
우주宇宙가 옷 벗고 망신亡身일 테니,

귀 막고 안에 것만 들으려고 해도

내달리는 핏발이 진창이어요.
그러니 빨려가는 강물일 밖에요.

(1962. 10. 11)

악장樂章에 묶인 노래

젊은이에겐 위험이
노인에겐 안일安逸이.

인간은 국가사이에,
신은 종교 사이에,
지성知性은 참고서 행간行間에,

서정은 술잔 사이에,
과학은 전쟁 사이에,
그리고
역사는 승자勝者들 사이에.

평범한 탄생을,
지혜롭게 늙는 법을,
운명적인 죽음을.

행위 하나에
(르네상스는 너무 짧다.)
육대주의 도서관을 동원하거나
위胃 하나만을 배려하거나.

담뱃불만치도 나의 운명을

못 밝히는 우주.
형광등처럼,
지밀至密함이 없이
바닥나는 철학哲學.
(그래도 서울의 밤은 어둠)

반주 없이도 노래하는 새.
한잔 술에, 다리(橋)위에서
흥얼거림이
악장에 묶인 노래.
(귀 멀고도, 베토벤은 음악)

「드, 벨주락, 시라노」의 코처럼
나 보다 앞서
길 건너는 사유思惟여.
악장에 묶인 노래는
언제고 이쪽에서 버티고만 있다.

시외선市外線을 타고

1

나는 자꾸 앞으로만 간다.
시론時論에 실려,
나를 뒤에 남겨두고.
9월의 녹색 출렁임,
시간과 함께 머문 자의 중량.
나도 고개 숙이고 싶다.
떠받치고 있는
때 묻은 여름,
나는 바지랑대처럼은
받치고 설 수가 없다.
근년近年의 나의 세대는
그렇게 무거운 남루였으니.

2

여름내 교정校正에 말려간 나의 청춘을
이 가을 신간新刊은 보상할 것인가?
튀여 나오는 오자誤字.
나의 손길이 저지른 쭉쟁이,
나는 그것을 지면紙面 밖으로 팽개쳤다.
그래서 다시 은행알이 익는 가을,
가을은 풍성히 살찌겠지만,

또 한 살 가을,
나는 나이를 잃는구나.
나를 보내며
뒤에 남은 풍경은 손짓한다.
만추를 향하여 그 중량을 향하여
달려가는 가벼운 체중,
세대의 지면紙面 밖으로
나는 떠밀린
올해도 또 하나 오자誤字인가.

열 번이나 다시 썼다

꺾어다 꽂아 놓은 꽃을 보고도
나는 왜 천치처럼 웃었을까.
북새통을 비집고 허우적거린
허우적거린 출근길에.

축음기의 바늘처럼
나는 패어진 홈을 따라
패어진 홈만을 따라 돌아야했다.
TNT처럼
푸른 하늘에
확산되고픈 영혼은 인내하고.

나의 미래를 전당 잡히라고
월초에 웃는 월부 세일즈맨.
맡겨둘 미래가 있는 것만 다행스러워
도장을 찍으며 웃은 것은 나였는데,
판 것은 그였을까.
팔린 것은 물건이었을까, 나였을까.

개성個性은 나무 위에 원숭이었을까.
아무 물에나 발을 담그며
짝짜꿍을 하는 품안으로

달겨들어 안긴 것은 영달榮達이었을까.
무엇이 되고 싶었는지도
모르는 사람끼리 모여 앉은 사무실 안
꺾어다 놓은 꽃을 보고도
나는 왜 천치처럼 웃었을까.
웃을 것 없는 비정非情의 세월을
웃어주기 시작한 게 언제였는지
날짜 모를 시詩를 열 번이나 다시 썼다.

시지프의 캘린더

1
속아서 시지프는 돌을 믿고
믿다가 나는 캘린더에 속는다

정상의 휴식까지
닿으면 구르는 돌.
닫히는 데서
열리는 캘린더.

꺾은 금 그림표의
오르막과 내리막 그 어느 금 위에
나와 시지프는 속고 믿는 것일까.

2
새해엔 그래도
(해마다 그 소린…)
선거도 있다는데
(치러 봐야지)
군인들은 곧으니까
(사람이 하는 일)
살기가 좋아져야
(아 5천년 역사)

그래도 새 해는 믿고 싶어.
(믿을 건 예수까지 다 믿어 봤는데…)
그러나,
아,
새해,
새해엔.
(내년 섣달에 또 이러세.)
아,
그러나,
새해엔,
아.

3
오르면 또 구르는
시지프여 오해다.
굴러가는 돌.

굴러가는 돌과
세월 사이에
넘겨지는 캘린더가 이슬 풀리듯,
이슬이 풀려가듯 개운했으면.

풀린 데 없는 인생
인 취하는 술.
세월은 속다가 면역이 생겨
계엄령에나 말을 듣는다.

구슬 잃은 국민학생이 운동장 돌듯
한 바퀴를 태양 곁을 찾아봤지만
또 하나의 연륜, 개미 쳇바퀴.

손바닥에 침뱉으며 밑바닥에서
시지프는 다시 돌을 밀고
선거와 민정民政이 상 차리는 술집에서
나는 캘린더를 홀짝 마신다.

3부

당분간

당분간 當分間

살의도 없이 공약公約도 없이
일어난 게 우리의 잘못이었지만
4월이여. 세월은 헐벗은 산하에
라일락만 한아름 피워놓았다.

헌법 대신에
조치법으로 다스리는 5월이여.
총을 들어 너만 '혁명'이고
피 흘렸지만 맨주먹이라
헌법전문憲法前文에도 우리는 '의거'냐?

자유를,
플래카드로 해석하고
정치를,
워싱턴 발發 훈령訓令으로 짐작하는 노인들이여.
그날 우리의 행렬엔 끼인 자 없더니
뉘 집 아들딸 또 죽이려고

지각 없는 '투쟁'이고 창피한 '산책'이냐?
물러가라 둘 다.
세대교체도, 민주주의도

하게 되면 젊은 우리가 한다.

정치에 강간당한 4월이여.
정치와 간음한 5월이여.
이복형제의 피는 같다만
달리는 길은 동서냐? 남북이냐?
무슨 죄로 혁명은 박명이냐?

물려주리라.
저 우리 피 흘리던 효자동께 큰집,
세금관할권, 생사여탈권,
달라면 다 물려주리라.

그러나 단 하나,
우리들 가슴 가장 깊은 곳,
지금은 스위치를 잠가 놓은
시한폭탄은 우리의 것이다.

그리하여 물려주리라, 당분간은.
저마다 스위치로 손이 갈 때까지.
물려주리라, 당분간은.

노래하고 싶은 젊은이들이
죽음을 생각하는 거리,
다시 이 거리에 4월이 온다.
4월이 와서 싹트는 시한폭탄의 심지여,
선생님이 그랬다.
다시는 터지지 말아야 한다 – 고.
어머니도 그랬다.
그건 가보家寶로 둬야 한다 – 고.
그러나 4월의 창밖에 동포는 슬프구나.
쓸어버리고 싶도록 동포는 슬프구나.

(경향신문, 1962. 4. 19)

그럴 수 있느냐고

교수님의 분필은
약한 것이 탈이었다.
손만 잘못 대도
제 중량을 못 이겨
부러지는 망신.

현실은 흑판처럼 또렷했고
판서의 이론은 분필처럼
암만 봐야
지워지는
약한 것이 탈이었다.

그 흑과 백의 팔씨름.
그 판板과 선線의 투석전投石戰
그럴 수 있느냐고
아무리 물어야
교수님의 분필은
약한 것이 탈이었다.

손오공도 싫다는 나라

1
우리의 가슴을 짚고 간 것은
6월에,
장미꽃 이파리의 채색이 아니었다.
대학의 캠퍼스,
거기 수 놓여진 군화 자국의 무늬와,
오늘 친구들은 법정에서
내란죄로 재판을 받는다.
여기서 그 지성은
내란의 의미로 번역되고 있었다.

2
걸리버도 구경하지 못한 나라.
손오공도 구경하기 싫다는 나라.
그러나 이제 조국이라고
나는 사랑할 수 있을 것 같다.
계엄령으로 쥐어짜야
보지 않아도 좋았을,
아예 없으면 더욱 좋았을
'1960년이여. 아듀. 아듀.'

구정물로만 흐르는 나라.

총으로 겨눠도 내줄 게 없는
이름만 조국인 민주주의여.
가난한 자를 사랑하는
이 홀가분함이여.
막바지에 선 자에게 주는 사랑은
받을 게 없어도 알토란이다.
돌봐 줄 사람 없는 막바지의 망나니.
그러나 이제 조국이라고
나는 사랑할 수 있을 것 같다.

3
총을 보아야 다스려지는
우리는 놓아기른 호랑이냐.
산 너머서, 바다 건너서,
그리고 얼굴 맞댄 식구끼리도
총만 쥐면 넘나드는 나의 오줌자리는
허가 없는 포수의 사냥 땅이냐.
박명의 아낙, 나의 조국이여.
총이 없으면 사내구실 못하는
무골武骨에게 몸을 맡기고
아, 한숨을 빼앗긴 입술이여,
임금님 귀는 당나귀 귀라고

외칠 자유도 물 건너 여신이다.
폐쇄당한 대학교,
매 맞는 지성의 싹,
혀 깨물린 기자.
애국은 과녁이다.
사랑하는 가슴은
어느 때고 총부리와 마주 서야 한다.
사랑하는 일이라면 내어 주리라,
헌법도, 교과서도, 제목만의 자유도.
그게 사랑하는 일이기만 하다면
땅문서, 족보, 가보까지 들어내다
바다 저쪽 게다 밑을 보듬으리라.

4
걸리버도 그런 데는 못 봤다는 나라.
손오공도 소문 듣고 싫다는 나라.
그러나 사개가 물러난 집안이기에
부담 없이 사랑할 수 있으리라.
우리 세대의 고뇌는
생일 전에 시작되어
사망 뒤에까지 끌려가는가.
밀물과 썰물 사이에,

시간과 공간의 테러리즘 밑에
명을 이어 지각 생긴 인텔리,
행위의 수동태를 거부한 게 죄라면
아, 비척거리기에 더욱 사랑하고픈
나의 조국이여, 코흘리개여.
자유를 조준하는 사냥 땅이여.
그 하늘만한 주름살이여.
오늘 친구들은 내란죄로
잘못 번역된 재판을 받는다.

(사상계, 1964. 9)

그날 너는 내 옆에 있었는데

4·19 희생자 위령제에서

우린 너의 이름을 찾고 있었다.
우리를 향했던 그 총구가 조금은 그래도 다정해 뵈던
계엄령 하의 서울에서 –

여럿이 자주 모이던 찻집을 모조리 찾아도
비인 의자만이 회상을 부를 뿐 너는 거기 없었다.

4월의 어느 날을 골라 너는 창경원으로 밤꽃놀이를
가자고 했다. 그리고 곧잘 너는 네 소녀의 이야기를 들려주며 꽃이 필 4월을 기다리고 있었다.

그러나 밤꽃놀이의 불꽃이 펑펑 터지는 게 보이는
천일백화점 앞에서 깡패에게 매를 맞던 그 이튿날.
그 녀석들을 때려주겠다고 가방 속에 책 아닌
돌멩이를 잔뜩 넣어가지고 등교했던 너는
그날 19일

내 옆에 서서 목청이 높았는데
우정이 용기를 불러준다고 스크럼을 더 굳게 했는데

꽃이 없는 4월의 하늘에 네 이마박이 뚫어져 흘린
그 피는 크낙한 꽃을 피웠는데.
아 – 아. 지금
나는 너를 기억하기 위한 까만 상장을 가슴에 달고
네가 서야 했을, 어떻게도 이름 할 수 없는 자리에 대신
서 있는 것이다.

마지막 만나던 일요일에 네게서 빌린 만년필을 채
돌려주지도 못하고 담배 한 갑을 사서 반씩 나눠 가지고
헤어지던 산책로에서 꾸겨졌다고 투덜대던 너의 청춘은
활짝 퍼져 꽃을 피우고
매일 아침의 악수를 빼앗긴
너의 '잃어버린 4월'의 자리에 아무도 할 말이 없는 것이다.

네가 앉아 있던 자리엔 너의 비인 체취와 회상만이 남고,
사망자 명단 속에 끼어 있는 네 이름이 우리들
많은 친구에게, 자랑으로인지 슬픔으로인지 모를 중량을
지니고 밀물해 오는 이런 오후

술 한 잔만 마셔도 비틀거리던 네 약한 신체가 어떻게
효자동까지 달려갈 수 있었을까.
총을 쏘는 제복의 후레아들들에게 어떻게 돌을 던질 수 있었을까.

4월은 가고 5월은 다가와
네 웃음같이 거리엔 가로수가 푸른데, 너를 잃은 산책로에서
방아쇠처럼 집기 좋다던 네 소녀의 손가락은 이젠
무엇을 붙잡고 그 많은 젊음을 쏟아야 하는가.

우린 너의 이야길 하고 있었다.
자주 모이던 찻집, 네가 앉았던 자리에다
'아리랑' 한 대를 불붙여 놓고

네 휘파람으로 가장 알맞더라는 '베토벤'의 '영웅'을 들으면서
우린 너의 이야길 하고 있었다.

(1960. 5. 4·19 혁명 추도 시집)

입만 다물면야

어머님.
걱정하지 마세요.
도둑질처럼 배운 취미는 함구무언.
입만 다물면야
세상은 산뜻합니다.
갈빗대 들춰낸 내 허파를
돌덩이로 내리찍은 아픔은
함구무언의 후유증이지만
어머님.
이발사가 된다면야
소리칠 갈대밭이 있는 게 야단이지만
걱정하지 마세요.
도둑질처럼 배운 취미는 함구무언.
입만 다물면야 남의 세상은
산뜻하고 고귀한 꽃밭입니다.
아, 그래도 입만 다물면
쑥밭인 내 세상이 안쓰러운 어머님.

(『한국인의 애송시』에 수록)

내버릴 역사 속을

그날 내 어머니 학교엔 축제도 아닌데 함성이 울렸다

1
발돋움질해 본 거예요.
속진(俗塵)에 눈이 아려 재채기한 거예요.
죄는 모두 그것뿐인 거예요.
빼랑빼랑히 이승을 향해
저승 되지 말라고 들려준 거예요.
가진 거라곤 교과서밖에
원칙 말고 딴 무기는 펴지도 않았어요.
사개가 물러난 집안 막대기
아틀라스처럼 어깨로 받치려고,
보셨지 않아요. 욕심 없는 심지를.

달겨들어 무사들이 타살하려 했던 것,
그건 4·19가 아니다. 5·16이다.
5·16 살리려 총을 들더니
제 그림자 겨누는 총구여.

4월이 피 흘리면 5월도 사산(死産)이다.
어서 저 방독면을
선사시대 석창(石槍)처럼 박물관에 모셔 두고
표독스런 언어, 우리의 구호는
아, 고어사전에나 처박아 버렸으면.

내버릴 역사 속을 우리는 사는가.
무사여 대학의 캠퍼스에
사는 것은 유태인이 아니다.
따져보면 우리 모두 김가나 이가다.

3
너 그때 그 4월의 광화문을 기억하지?
네가 몰고 온 탱크에
내가 올라가 만세를 불렀지.
만세를 눈으로, 너도 소리쳤지.
그때 그 피 흘리던 마당 세종로.
아, 거기서 화랑담배를 나눠 피우며
너, 말한 거 기억나지?
'유니폼의 색깔만으로 젊음의 의미를 구별해
선 안 된다' – 고.

나는 울었단다, 꽃잎처럼.
총 맞아 떨어진 꽃잎처럼 네 어깨에
머리를 기대고 내가 울 때
넌 참 믿음직스런 친구이더니.
변한 것은 없다. 어차피
너도 내 또래의 젊음이 아니냐.

점심시간 휴게실에 네가 왔다면
우린 서로 나눴을 거야.
아, 그날의 내 도시락을.
근데 너는 악을 쓰며 오더라.
휘두르며 오더라.
4월의 마당에선 동지로 만나던
아, 나의 국방색 친구야.

4

내 그 돌집을 떠나던 날.
기념사진 찍어 주던 더벅머리 신입생.
교수님은 언짢게 악수를 청하셨다.
더벅머린 자라서 구호를 배우고
교수님 이마엔 주름살만 늘어간다.
또 묶어다 바치랴,
떼 젊은이 산 주검을.
또 찢어다 바치랴,
떼 어머니 마른 가슴.
여기서는 발돋움하는 사람들이
갈앉은 세상을 못 참는 손길들이
미래를 위해서 바른말 하는 곳.
불한당도 감히 넘보지 못하는 곳.

황제도 감히 어쩌지 못하는 곳.
유태인처럼 매를 맞아도
아, 그 총소리에 놀란 나뭇잎은 떨어져도
떨어진 잎은 뿌리를 적시며
이상의 수목樹木으로 사흘 만에 부활한다.
원칙을 못 참아 소리친 게 죄라면
무슨 원칙이 대학문을 닫으랴.

(대학 폐교령에 즈음하여, 고대신문 1965. 9. 4)

수신제가 修身齊家

박제된 공화국을 아십니까?
헌법조차도 여기선 외래품이올시다.

조국이 뻗어가는
지름길은 사대주의.
사색되는 사색四色 덕에
골탕 먹는 인텔리.

낯선 청춘과
어색한 성욕이
푸드득 기를 쓰다
돌아앉은 혁명이고

자유를 양보하라, 예스.
정의를 구슬려라.
진실을 눈감으라, 예스, 예스.
조국이 하라시면
나는 무조건 예스하는 품팔이.

고기 먹다 먼 산 보는
뱅뱅 갇힌 호랑이,
추렴 걷어 갖다 주는

얻어먹는 배탈이고,
만주滿洲
땅,
어디 갔나,
수염 꼬던 망신이여,
뭇 서방님 눈치코치
속곳 벗는 조국이여.
의미를 찾다가
문턱에서 지친 나,
육례六禮를 갖추려다
냉수 떠논 해방이고,
가락(律) 몇 개 고르기에,
왼몸 꼬는 분수噴水여.

뛰면서도 때맞추어
배설하는 폭포여.

안주安住와 정화淨化는
약국에도 없구나.
손바닥 나무랠
손금조차 동강 났다.

삼키시라. 내 것 없으니
주는 대로 주의主義도 사상도 간스메도
양기 되고 버섯 되긴 다윈 선생하실 탓.
동포여! 펨프여! 제것 주고 맞는 자여!

(동인지 「현실」 1963. 9. 15)

나뭇잎들이 내는 소리

바람이 불 적마다
나의 원고지에
내려와 앉고, 나의 손목에
영장을 발부하고, 법석들을 하는
그 음성을 제 페이지를 찾아
사전에 올릴 수가 없는,
다만 나의 이마와
동공을 찌르며
쏟아져 오는 푸른 색채들이
저마다 형상 짓는 검은,
눈물과 빨간,
찢기는 상처와 회색의
한숨.

— 너는 가지에 붙은
나뭇잎들을 하나씩
또옥 똑 따며 나에게,
나의 귓전에,
이건 구속이고,
혁명이고,
자유고,
그렇지 자유, 또 너의 손바닥에

일어서서 외치는 평화와.
그렇게 나에게,
나의 귓전에,
네가 속삭이는 사랑이었다.
나뭇잎들은.

나뭇잎 속에
너의 이름은 없다.
불러 주는 너의 이름이
없으니까 나뭇잎들은
구속도, 혁명도, 자유도, 평화도,
아니다. 너의 사랑도 ㅡ.

아닌데,
너의 약 오르던 눈과,
열이 나던 콧김과,
뿌리치던 손.
손끝에서 나의 손으로
가볍게 넘겨지던 너의
혀끝 같은 이야기들은
섞여서 술이 취해
궐기하고

거기는 없는 너의 이름.

화가의 캠퍼스에
엎질러진 열두 빛깔의
물감이 그려주는 난해.
난해 속엔 주의와 공약과
체포와 수갑이 짐작껏,
그게 저마다 짓는 그,
몰아치는 바람 속의 응얼거림이
너의 사랑이라고, 그러긴
하지 – .

– 그러나 울며 입 맞추고
조용한 얼굴인데
신음하는 율동인
네 사랑의 난해.
그래도 그 속엔
어림할 수 있는
네 귓바퀴의 솜털 같은,
하늘하늘하지만 안겨오는 너의
숨결만은 내가 잡을 수 있는
신앙이었다.

너의 사랑이라고 우겨대며
부는 바람에 몸을 맡긴 채
마구 요구와 강요를
주름 짓는 저 왕성한 색채 속에서
어느 날의 살내처럼
네가 안겨도 좋은 나의
가슴 같은 등주리를 나는
찾을 수가 없다.

혁명의 바람은
한 여자의 사랑만치도 못하게
1년에 한 번씩 진담으로 부는데 - .

(高大文化, 1961. 9)

순서는 그렇게 되어 있다

상경하던 봄이 노량진 근처에서 영하(零下)에 부딪쳐
몸서리를 치더니, 얼음장 밑으로 숨어들었다가 진창에서
팔을 허우적거리며 내 바지가랭이를 잡아다닌다.
동상 걸린 발가락 사이로 파고든다.
순서는 그렇게 되어 있다. 얼음장 밑으로 도란거리며
흐르는 체온. 진창을 말짱 거둬 먼지 나게 하고 아지랑이를
밀어 올려 청진기로 짚어보듯 파란 싹을 뒤집어쓰고 접근하는 입춘.
순서는 그렇게 되어 있다.

좁지 않아요 이 땅은. 교과서엔 봄 여름 가을 겨울
가장 아름답고, 저긴 선택된 인간들 – 특혜 받아 살찐 행복한
미소들도 풍성하고, 보일 것과 혼자 볼 것의 두 가지로
쓰는 참회록 같은 이중장부도 그득하고, 끌려

가는 공무원의, 귀여운 아들 딸 못 잊는 그 슬픈 눈동자도
유리창에 비치고, 잊을 만하면 반갑다고 다가서는 개헌도
있고,
한 목숨이 3대를 이어가도 못 다 볼 일들이 그득한
이 땅은 좁지 않아요. 있는 것만 따져도
시간이 모자라 특근비를 신청하는 판인데, 없는 것까지,
더더군다나 없어야 할 것까지 따지다가는 자식들에겐
따지는 것만 물려줬다고 따지러 덤빌 사람이 있을 만큼,
일 많은 이 땅은 좁지 않아요.

투명한 유리컵에 물을 가득 붓고 약손가락을 가만히
담그면 핏줄로 스며드는 춘풍. 여자들은 털로 짠 속옷을
벗어내리고 부끄러운 데를 삼각형 헝겊으로 찬란하게
해놓고는 눈을 개구리 눈망울에 맞춰 웃는다.
순서는 그렇게 되어 있다.
신축공사장 쓰레기 더미 위로 녹아가는 눈을 밟고 서서
버드나무에 물오르듯 수입이 오르라고 주머니를 꿰매는
인부의 턱수염 사이로 꿰어져 나오는 행복에의 미련.
순서는 그렇게 되어 있다.

언더 디베로프 컨트리의 하늘이라도 칭찬하는 걸
아셔야 해요. 칭찬할 것이 없어 망연자실하여 허공만

보다가 옳다꾸나 무릎 치며 칭찬하는 하늘. 고등수학보다
까다롭고 구구법보다 주먹구구인 정치자금의 비율로
따져도 언더 디베로프 컨트리의 하늘은 웃을 수 있는
거예요. 마이홈, 마이카에 '마이'자가 제법 늘어가는 것도
명사 인명록에 이름 올린 사람들이 우리 근처에 생긴다는
얘긴데 언더 디베로프 컨트리라니, 하이웨이 씽씽
달려보세요. 애국이 국시國是인 시국일랑은
시대의 총아들이 이끌어만 가면 되고 언더 디베로프에서
'언더'자를 팽개치고 닐리리를 부르세요. 아 또 봄이 오네요.
등록금이 자살시킨 후배 얘긴 관두시고 상품권 몇 장
사서 요인을 찾아가세요. 요직만 딴다면야 언더 디베로프
컨트리가 파라다이스로 재주넘는 홈 홈 스위트 홈.
노래하세요.

낚싯대를 만지는 손끝에 3월이 와서 돌돌 말리면
김치 광 구석에 세워 둔 부삽을 꺼내들고 주저앉은
주춧돌을 고르려고 작업복을 찾는 가장家長.
가시만 남은 장미 화분을 장독대에 얹어 해바라기 시키는
아내의 혀끝이, 새로 끓인 간장의 맛을 보다가, 오늘밤
벗은 몸의 용트림과 열 달 후 벗은 몸의 거룩한 울음소리를
혼자 들으며 좋았다 말았다 기지개를 편다. 봄은
얼음장 밑으로 오고, 허리 굽혀 땀 흘린 알몸이 아들딸의

창조에 밤새우는 처마 끝에 제비가 부리를 쪼아댄다.
순서는 그렇게 되어 있다.
순서는 어김없이 그렇게 되어 있다.

잊으세요 순서를. 계단을 오르느니 엘리베이터를 타세요.
하극상 삿대질에 순서를 잊으세요.
봄이 오네요.
겨울이었어요. 당신의 젊음은. 잊으세요. 순서를.

(창작과 비평, 1965)

입춘立春에 묶여 온 개나리

　개화開花는 강 건너 춘분의 겨드랑이에 구근球根으로 꽂혀 있는데

　바퀴와 발자국으로 영일寧日 없는 종로 바닥에 난데없는 개나리의 행렬.

　한겨울 온실에서 공약公約하는 햇볕에 마음도 없는 몸을 내맡겼다가,

　태양이 주소를 잊어버린 마을의 울타리에 늘어져 있다가,

　부업에 궁한 어느 중년사내, 다음 계절을 예감할 줄 아는 어느 중년사내의 등에 업힌 채 종로 거리를 묶여 가는 것이다.

　뿌리에 바싹 베개를 베고 신부처럼 눈을 감고 우리의 동면은 아직도 아랫목에서 밤이 긴 날씨, 새벽도 오기 전에 목청을 터뜨린 닭 때문에 마음을 풀었다가….

　닭은 무슨 못 견딜 짓눌림에 그 깊은 시간의 테러리즘 밑에서 목청을 질렀을까.

　엉킨 미망인의 수실처럼 길을 잃은 세상에, 잠을 깬 개구리와 지렁이의 입김이 기화氣化하는 아지랑이가 되어, 암내에 참지 못해 청혼할 제 나이를 두고도

　손으로 찍어낸 화병의 집권의 앞 손이 되기 위

해, 알몸으로 도심지에 뛰어나온 스님처럼, 업혀서 망신 길 눈 뜨고 갈까,

   금방이라도 눈이 밟힐 것 같이 눈이 와야 어울릴, 손금만 가지고 악수하는 남의 동네를, 우선 옷 벗을 철을 기다리는 시대 여성들의 목례를 받으며 우리 아버지가 때 없이 한데 묶어 세상에 업어다 놓은 나와 내 형제 같은 얼굴로 행렬을 이루어 끌려가는 것이다. 온도에 속은 죄뿐, 입술 노란 개나리 떼.

(세대, 1966. 4)

목마른 용龍의 비늘에

청춘과 바다가 존재하지 않는 도시,
우리는 우리 자신의 결론에도
만족할 수 없었다.
두고 온 발자취는 우리의 뒤에서
분憤이 올랐다.
이대로 헌책의 목록처럼
우리 세대는 남겨져야 하는가.

역사의 면전에서
하품만 하던 민주주의여.
파괴될지언정 정복될 수 없다는
눈물 속에 뿌려진 우리의 씨앗,
웃으며 거둘 수확은 있는가.

다시 동이 트는 하늘,
아, 그러나
역사는 38선과 휴전의 시리즈인가.
코리어는 두 주의主義의 관광지인가.
주인은 고개 숙이고,
절을 받는 것은 어느 나라의 사신들인가.

불명예에 익숙한 명예를 위하여

세상은 저만치서 돌아가지만
우리의 젊음은 풀잎에 이슬,
타협하려고 손을 내밀면
우리는 어둠 속에 흐트러진다.

자유와 질서에
똑같이 목마른 세대여.
지성에 복종할 때만 자유는 꽃핀다.
명령이 필요 없을 때 질서는 익는다.
그리하여 우리는 자유와 질서 속에
유행보다 앞선 특허를 이루리라.
그러나 우리는 이루지 않으리라,
강요당한다면.
선행일지라도 강요당한다면
우리는 이루지 않으리라.

가장 큰 것만 헤이며 365일을
아, 그렇게 보낼 수는 없는가.
우리의 젊음은 목마른 용,
물을 끌어 승화할 하늘은 없는가.
정신의 속기술은 재즈뿐인가.
수출할 것은 노동뿐인가.

현실의 가장 빛나는 효용은
미래의 씨앗이 되는 것,
행동할 상황이 없을 때엔
행동의 준비가 행동을 대신한다.

강의실 창 밖에,
주택지의 골목 위에,
국방색 하늘이 파아랗게 걷혀간다.
아, 365일을
청춘과 바다가 존재치 않는 도시에
물을 끌어 승화하는 용의 몸짓으로
또 하나 해는 뜬다.
목마른 우리의 비늘,
윤기 없는 젊음에
또 하나 새로운 용트림은 빛난다.

(고대신문 신년송, 1964. 1. 18)

기도문장

영웅호색의 의미를 아십니까?
잊어버리고 싶은 것이 너무 많아
영웅은 여자의 젖꼭지에 매달려
망각의 강물에 목마른 겁니다.

제가 여자를 좋아한다고요?
아직 살인도 못 해봤고 데모는 했지만
쿠데타나 혁명은 꿈도 못 꿨습니다.
죄도 큼직하게 못 짓는 주제에
제가 어찌 여자를 좋아하겠습니까?
전 그래도 우리 엄마의
싹싹한 막내아들.
부모형제가 시킨 것과
내가 시킨 것 말고는
한 짓이 없습니다. 믿을 것이 없습니다.

앞으론 여자를 낚으라고 하시는 겁니까?
쉬잇! 조심하세요.
날더러 영웅호걸이 되라니
본성을 짓밟는 그 많은 죄를
어찌 지으라고 그러십니까?
당신처럼 십자가에 서커스 하는 것쯤은

남들이 민의民意로 하는 거니까
못 이기는 척 넘어갈 순 있지만
날더러 영웅호걸이 되라니
쉬잇! 어떤 세상이라고
주님도 그런 말씀 주의하세요.
영웅은 영웅이고 소시민은 소시민이고
귀에 거는 건 귀걸이고
코에 거는 건 코걸인데
그게 그거라니 율법에 어긋나면
주님도 연행당하십니다.

시대의 왕자처럼 크게 살라고

고대학보창간 두 돌에 부쳐

한여름 그 돌집의 그늘에 서면
돌에 머리를 기대고
도서관 건물 그늘에 서면
따가운 햇살 속에서인 듯
원음原音처럼, 육성肉聲처럼 들리는 소리.
크게 살라고,
시대의 왕자처럼 크게 살라고.

골목길로 쫓겨도 다녔다.
유태인처럼 눈치도 보았다.
표지부터 교과서를 찢기도 했다.
독한 술에 한 밤을 울기도 했다.
이궁離宮 한 왕자처럼, 마의태자처럼.
그래도 그 돌집에
봄이면 꽃바람 불고,
여름이면 따가운 햇살 내리고,
가을, 겨울 그 어느 세시歲時에도

머리를 기대면 돌 틈에서
바윗속을 흐르는 지하수처럼
들리는 소리, 조금도 변하지 않은 소리.
시대의 왕자처럼

시대의 왕자처럼
크게 살라고 뇌까리는 소리.

내리는 봄비에 젖으면서도
쏟아지는 햇볕에 갈라지면서도
한 음절도 틀리지 않고 들리는 소리.
왕자처럼 시대의 왕자처럼
크게 살라고, 크게 살라고.

5월의 천하지대본 天下之大本

빈 젖 물리던 증조할머니의
늑대도 안 무섭던 옛이야기는
지금은 기껏해야 배고픈 소리.
자빠져 자라고 욕이 나온다.

들판에서 봄바람은 불어오지만
곡식냄새 안 섞인 깡마른 바람.
속 모르는 하느님은 철이 왔다고
개천가 언덕에 진달래도 피게 하고
다 큰 계집애의 젖꼭지도 익히는데

'내가 죽지 않는 것은
한번뿐인 자살을 아끼기 때문'

문둥이 시인님은 맘도 편하지.
목숨도 아끼기 어려운 세상에
자살쯤이야 아껴서 무엇에 쓸까.
차라리 자살도 할 수 없게

골수에 사무친 체념 때문에
그저 그렇게 살려니 하고
서울 소식에 귀 기울이면

어떤 분은 반도호텔 옥상에서
보리쌀 한 말 값의 코카콜라나
정치를 한답시고 홀짝거리며
우리네 밑바닥 백성이야
아예, 생각도 않으시나 보다.

저승길 가기보다 멀고 험한
보릿고개 길 옆에는 꽃이 피는데
이름만 좋아서 될 것이 안 되는

'천하지대본'은 배가 고프다.
'천하지대본'은 배가 고프다.

(조선일보, 1961. 5. 7)

어려웁게만 한 마리씩만

시대의 물줄기를 겨냥하여
나는 힘껏 낚싯대를 휘둘렀다.

번쩍.
개표일의 입후보자보다 더욱
긴장된 내 손 끝에 끌려
번쩍.
등줄기를 번쩍이며
다가와 내 손에 쥐어진 것은

대여섯 치 안팎의
한 마리 붕어.

저쪽 둑에 선 불혹의 사내.
여유 있게 웃는 사내의 투망에
퍼득이며 걸려든
수십 마리의 씨알 좋은 붕어.

나는 줄곧 한 마리씩이었고
투망이 집권하면
낚시는 민권民權이다.

사내는 나를 비웃었을까.
한꺼번에 모법母法조차 몰아치는 제 재주로
하나씩만 모아가는 내 재주를
사내는 비웃으며 득세得勢였을까.

시대의 늪은
깊지도 얕지도 않은 수심.
낚시도 투망도 저 할 탓인데
강强 약弱을 붕어가 숫자로 갈라났다.

사내가 소리를 쳤다.
삼십이 넘었으면 투망질을 하시게나.
기조연설조로 사내가 소리를 쳤지만
하나씩밖에 못 건져 올리는
내가 시대의 소인小人일까.
그가 역사의 대역大逆일까.

투망질 사내의 입당入黨 권유 받으며
오늘도 시대의 물줄기를 겨냥하여
나는 힘껏 낚싯대를 휘둘렀다.
투망질이야 불혹不惑 이후 갱년에
육주六柱 세울 환약이고

오늘도 나는 어려웁게만,

어려웁게 한 마리씩만

시대의 늪 속에서 붕어를 건져냈다.

(현대문학, 1968. 8)

맞바람 일으켜 하늘을 부르려

동학혁명 71주년의 날에

위 터전에서부터 썩어오는 물
서쪽에서 휘몰아쳐 불어오는 바람을
동쪽에 몰린 토끼무늬 땅에서
인내천人乃天
인내천
손으로 잡으려
아, 백성의 마음을
어진 대로 꽃 피우려.

네 집에 주인이 있었더냐.
네 집에 임금이 있었더냐.
업혀 다닌 역사여.
우리 발로 삼천리를 서역 만리를
뉘 손에 안 끌리고 훌훌히 뛰면
하늘도 우리 성姓
구름에 색일 것을.
네 집에 주인이 있었더냐.
네 집에 임금이 있었더냐.
업혀 다닌 역사여.

대각大覺은 시신屍身됨을 사양치 않고
소리小利는 바람대로 나부끼는 것을

맞 거슬려 내 바람을 주류主流이게 하고
하늘을 불러다 오른쪽에 앉히려.
물러난 사개를 아틀라스처럼
어깨에 떠받히고 운명을 놀리려고.

배부른 쌀 나는 마을에
술로 알고 내 피를 마시는
아! 웃사람의 손버릇
하느님의 눈먼 버릇
투약할 길 찾으려.
인도人道는 천도天道인 것을
큰 길 막고 칼 차고
서서 탕탕 큰소리 관권官權,
좁은 길에 숨어 떠는
주인은 눈물을
시종侍從한테 뺏긴 몸을.

맞바람 일으켜 하늘을 부르고
주인은 나.
임금은 나.
큰 길 위에 휘영청 잡초를 두고는
비틀비틀 새는 왕도王道여.

인내천
인내천
큰 글자 풀이로
맞바람 일으켜 하늘을 부르려.
아, 백성의 마음을
어진 대로 꽃 피우려.

황소가 우리더러[*]

모기가 우리더러 죽으라더니
이번엔 황소가 귀를 닫으라네.
이번엔 황소가 입 다물라네.

이리 뛰고 저리 뛰는 황소 뿔자랑,
흉한 꼴은 저 혼자 다 벌리면서
우리더런 말도 말고 보도 말라네.

제 자식에게도 그렇겐 못하지.
보고 듣는 자유야 하늘이 준 것,
깡패나 꼬붕에게 그렇게 굴지.

제일 무서운 건 학생과 기자라고
법을 터억 만든 통에 탄로 났다네
제 꼬리 물고 늘어진 뱀이라네.

제갈량 많은 나라, 법도 많은데
싸움나무 기르는 법, 굶는 사람 없애는 법,
그런 법 만드는 제갈량은 없네.

보고 말라 듣지 말라 말리지 말게.
말하지 말라고 말하지 말게.

뿔자랑 하는 황소 안 무섭다네.

*황소, 민정당 심볼

(1964. 9. 1)

병풍屛風 속의 수탉처럼

수수께끼가 없는 스핑크스.
우리 세대의 판도는
용돈 떨어진 일요일의 스케줄.
담배연기가 보일 만한 권내에서
굴뚝도 없이 오프 리미트.
나는 바람에 쫓기는 깃발이었다.

가을이면 떨어지는 일년생 초목의
피고 지는 줄기 끝에 머물렀다가
육례도 못 갖추고 등덜미를 잡히는
초교에서 OK놓는 지형紙型이었다.
역시 조직과 돈이 아닐까요?

어차피 인생은 관혼상제인걸.
왕자가 아니면 선비가 되고
신사가 싫거든 영웅이 되세요.
어차피 인생은 관혼상제인걸.

세상 막대기 바로 잡으려다
제집 막대기 바로 못 잡는
소신껏 되어가는 세상이지만 —.

어차피 인생은 관혼상제인 걸.
그래도 8기생 한번 해보시면
아, 라디오 드라마를 써도 좋죠.
게다가 가끔 교양지에 정론政論도.
꿩에다 알 튀겨 잡수실 텐데.
어차피 인생은 관혼상제인걸.

병풍 속의 수탉처럼 입만 벌렸다.
소리는 꿀꺽 목젖이 지르고
주의主義가 앞을 서면 망신하는 스위트 홈.
지난 여름 언제인가
등물을 하며 겨드랑이를 간지르는
아내의 손길을 두고 집을 나섰더니
기다리는 건 노동이 아니었다.

조서를 꾸미는 사나이의 손.
익명으로 행세하는 뒷구녕 내사內査.
신용과 평판과 예절의 몸종이 되어
고개를 숙이다 그림자를 보면
나는 그림자만큼도 내가 아니다.
거울 안의 얼굴이 나보다 본질이다.
교과서에는 원칙밖엔 없더니

응용이 원칙의 따귀를 갈겨서
빙괴氷塊가 일각一角이고, 일각은 의젓하게
주류파 명사록에 입신을 양명揚名.

문만 나서면 겨드랑을 간지르는
아내의 손길이 그리워지는
나의 원칙론적 철딱서니는
중년까지도 계속될 것인가.
수수께끼가 없는 스핑크스.
우리 세대의 판도는
육례도 못 갖추고 등덜미는 잡히는
초교에서 OK놓은 지형이었다.

(사상계, 1965. 11)

제정신을 갖고 사는 사람은 없는가*

김수영

 "제정신을 갖고 사는 사람은 없는가?" 이 질문은 근대의 자아 발달사의 견지에서 민주주의 사회의 구성원으로서의 자격을 요점으로 해서 생각할 때는 극히 쉬운 문제이고, 고대 희랍의 촛불을 대낮에 켜고 다니면서 '사람'을 찾은 철학자의 견지에서 전인全人에 요점을 두고 생각할 때는 한없이 어려운 영원한 문제가 된다. 한쪽을 대체로 정치적이며 세속적이며 상식적인 것으로 볼 때, 또 한쪽은 정신적이며 철학적인 형이상학적인 것이라고도 볼 수 있다. 그러나 본란本欄의 요청은 아무래도 진단적인 서술보다는 처방적인 답변의 시사에 강점을 두고 있는 것 같고, 다분히 작금昨今의 우리 주위의 사회 현상의 전후 관계를 염두에 둔 고발성을 띤 답변의 시사를 바라는 것 같다.

 "제정신을 갖고 사는 사람은 없는가?" 나는 이 제목을 '제 시詩를 쓸 수 있는 사람은 없는가?'로 바꾸어 생각해 보아도 좋을 것 같다.
 범위를 시단에 국한시켜 우선 생각해 보자. 우리 시단에 시인다운 시인이 있는가. 이렇게 말하면 '시인다운 시인'의 해석에 으레 구구한 반발이 뒤따라오겠지만, 간단히 말해서 정의와 자유와 평화를 사랑하고 인류의 운명에 적극 관심을 가진, 이 시대의 지성을 갖춘, 시정신의 새로운 육성을 발할 수 있는 사람을 오늘날 우리 사회가 요청하는 '시인다운 시인'이라고 생각하면서, 올해 내가 접해온 시작품들을 다시 한 번 생각해볼 때 내가 본 전망은 매우 희망적이다. 좀 더 전문적인 말을 하자면 우리 시단의 경우, 시의 현실 참여니 사회 참여니 하는 문제가 시를 제작하는 사람의 의식에 오른 지는 오래이고, 그런 경향에서 노력하는 시인들의 수도 적지 않았는데, 이런 경향의 작품이 작품으로서 갖추어야 할 최소한도의 예술성의 보증이 약했다는 것이 커다란 약점이며 숙제로 되어 있었다.

그런데 이런 약점을 훌륭하게 극복하고 있는 젊은 작품들이 나타나기 시작하고 있다. 이것은 조그만 시단 안에 국한된 경사만이 아닐 것이다.

    사월이 오면
    곰나루서 피 터진 동학東學의 함성,
    광화문서 목 터진 사월의 승리여.
    강산江山을 덮어, 화창한
    진달래는 피어나는데,
    출렁이는 네 가슴만 남겨놓고
    갈아엎었으면
    이 군스러운 부패와 향락의 불야성不夜城
    갈아엎었으면
    갈아엎은 한강 연안에다
    보리를 뿌리면
    비단처럼 물결 칠,
    아 푸른 보리밭.

"제정신을 갖고 사는 사람은 없는가." 이것을 이번에는 좀 범위를 넓혀서 시를 행할 수 있는 사람은 없는가로 바꾸어 생각해 보자. 시를 행할 수 있는 사람이 있으면 4월 19일이 아직도 공휴일이 안 된 채로, 달력 위에서 까만 활자대로 우리를 흘겨보고 있을 리가 없다.

그 까만 4·19는 아직도 무엇인가를 두려워하고 있다. 우리 국민을 믿지 못하고 있고, 우리의 지성을 말살하다시피 하고 있다. 그것이 통행금지 시간을 해제하지 못하고 있고, 윤비의 국장을 다음 선거의 득표를 위한 쇼로 만들었고, 부정 공무원의 처단조차도 선거의 투표를 계산에 넣은 장난으로 보이게 하고 있다.

신문은 감히 월남 파병을 반대하지 못하고, 노동조합은 질식 상태에 있고, 언론자유는 이불 속에서조차 활개를 치지 못하고 있다. 그런데 이보다도 더 위험한 일은 지식층들의 피로다. 이것은 우리나라뿐이 아닌 세계적인 현상이라고 보면 그뿐이겠지만 좌우간 비어홀이나 고급 술집의 대학교수들이 모인 술자리에서 '목석같은 사나이가 나를 울린다'를 부르면 좋아하지만, 언론자유 운운하면 세련되지 않은 촌닭이라고 핀잔을 맞는 것이 상식이다.

얼마 전에 모 신문의 부정부패 캠페인의 설문을 받은 명사 가운데에 바로 며칠 전에 그 집에 가서 한 개에 4천 8백 원짜리 쿠션을 10여 개나 꿰매주고 왔다고 여편네가 나에게 말하던 그 노 경제학자가 있는 것을 보고 낙담을 한 일이 있었다.

그러나 이런 일은 남의 일이 아니다. 남의 일로 낙담을 했다고 간단하게 처리될 수 없는 심각한 병상이 우리 주위와 내 자신의 생활 속에 뿌리깊이 박혀 있다. 나의 주위에서만 보더라도 글을 쓰는 사람들 가운데 6부니, 7부니, 8부니 하고 돈놀이를 하는 사람이 있다. 나 자신만 하더라도 여편네더러 되도록이면 그런 짓은 하지 말라고 구두선처럼 뇌까리고 있기는 하지만 할 수 없다. 계를 드는 여편네를 막을 수가 없고, 돈을 꾸어 주면 이자를 받는 것이 상식으로 되어 버렸다.

우리들 중에 누가 죄 없는 사람이 있겠는가. 인간은 신도 아니고 악마도 아니다. 그러나 건강한 개인도 그렇고 건강한 사회도 그렇고 적어도 자기의 죄에 대해서 몸부림을 쳐야 한다. 몸부림을 칠 줄 알아야 한다. 그리고 가장 민감하고 세차고 진지하게 몸부림을 쳐야 하는 것이 지식인이다. 진지하게라는 말은 가볍게 쓸 수 없는 말이다. 나의 연상에서는 진지란 침묵으로 통한다.

가장 진지한 시는 가장 큰 침묵으로 승화되는 시다. 시를 행할 수 있는 사람의 경우를 생각해 보더라도 지금의 가장 진지한 시의 행위는 형무소에 갇혀 있는 수인囚人의 행동이 극치가 될 것이다. 아니면 폐인이나 광인, 아니면 바보. 그러나 이 글의 주문의 취지는 영웅대망론英雄待望論이 아닐 것이다.

우리 사회의 문화 정도는 아직도 영웅주의의 잔재를 벗어나지 못하고 있다. 김재원의 「입춘立春에 묶여온 개나리」나 신동엽의 「발」이나 「4월은 갈아엎는 달」의 인수因數에는 영웅대망론의 냄새가 아직도 빠지지 않고 있다. 이것은 한편으로는 아직도 우리의 진정한 정치적 안정이 이루어지지 못하고 있다는 말도 된다.

나의 직관적인 추측으로는, 표면상의 지식인들의 피곤에도 불구하고 역시 이들의 내면에는 개인의 책임에 대한 각성과 합리주의에 대한 이행이 은연중에 강행되고 있다고 생각된다. 결국 모든 문제는 '나'의 문제로 귀착된다.

"제정신을 갖고 사는 사람은 없는가"는, 따라서 나는 내 정신을 갖고 살고 있는가로 귀착된다. 그리고 이 문제는 나를 무한히 신나게 한다. 나는 나의 최근작을 열애한다. 나의 서가의 페이퍼 홀더 속에는 최근에 쓴 아직 미발표 중의 초고가 세 편이나 있다. 「식모」 「풀의 영상影像」 「엔카운터지誌」라는 제목이 붙은 시들 ― 아직은 사실은 부정을 탈 것 같아서 제목도 알리고 싶지 않았는데 ― 이 중의 「엔카운터지」 한 편만으로도 나는 이병철이나 서갑호보다 더 큰 부자다.

사실은 앞서 말한 김재원의 「입춘에 묶여온 개나리」를 읽고 나서 나는 한참 동안 어리둥절해 있었다. 젊은 세대들의 성장에 놀랐다기보다도 이 작품에 놀랐다. 나는 무서워지기까지도 하고 질투조차도 느꼈다. 그래서 그 달치의 '시단월평'에 감히 붓이 들어지지 않았다. 그런 사심이 가시기 전에는 비평이란 쓰여지는 법이 아니다.

그러다가 그 장벽을 뚫고 나온 것이 「엔카운터지」다. 나는 비로소 그를 비평할 수 있는 차원을 획득했다. 그리고 나는 여유 있게 그의 시를 칭찬할 수 있었다.

이것은 내가 「입춘에 묶여온 개나리」의 시인보다 우수하다거나 앞서 있다거나 하는 말이 아니다. '제정신'을 갖고 산다는 것은, 어떤 정지된 상태로서의 '남'을 생각할 수도 없고, 정지된 '나'를 생각할 수도 없는 일이다. 엄격히 말하자면 '제정신을 갖고 사는' '남'도 그렇고 '나'도 그렇고, 그것에 '제정신을 가진' 비평의 객체나 주체가 되기 위해서는 창조생활(넓은 의미의 창조생활)을 한다는 전제가 필요하다. 그리고 이러한 모든 창조생활은 유동적인 것이고 발전적인 것이다.

여기에는 순간을 다투는 어떤 윤리가 있다. 이것이 현대의 양심이다. 「입춘에 묶여온 개나리」와 나와의 관계만 하더라도, 이 윤리의 밀도를 말하고 싶은 것이 나의 목적이다. 「엔카운터지」를 쓰지 못하고 「입춘에 묶여온 개나리」의 월평을 썼더라면 나는 사심私心이 가시지 않은 글을, 따라서 사심 있는 글을 썼을 것이다. 개운치 않은 칭찬을 하게 되었을 것이고, 그를 살리기 위해서 나를 죽이거나 다치거나 했을 것이다.

그러나 「엔카운터지」의 고민을 뚫고 나옴으로써 나는 그를 살리고 나를 살리고 그를 '제정신을 가진 사람'으로 보고 나를 '내 정신을 가진 사람'으로 볼 수 있게 되었다. 그러니까 쉽게 말하자면 제정신을 갖고 사는 사람이란 끊임없는 창조의 향상을 하면서 순간 속에 진리와 미의 전신의 이행을 위탁하는 사람이다. 다시 말해 두지만 제정신을 갖고 사는 사람이란 어느 특정된 인물이 될 수도 없고, 어떤 특정된 시간이 될 수도 없다. 우리는 일순간도 마음을 못 놓는다. 흔히 인용되는 예를 들자면 우리는 '시지프의 신화'에 나오는 육중한 바윗돌을 밀고 낭떠러지를 기어올라가는 사람들이다. 그리고 그러한 자각인 백白ㅅ의 세계의 대열 속에 미약한 한국의 발랄

한 젊은 세대가 한 사람이라도 더 끼이게 된다는 것은 우리들의 오늘날의 그지없는 기쁨이다.
 끝으로 〈세대世代〉지에 게재된 김재원의 「입춘에 묶여온 개나리」의 전문을 감상해 보기로 하자.

 개화開花는 강 건너 춘분春分의 겨드랑이에 구근球根으로 꽂혀 있는데
 바퀴와 발자국으로 영일寧日 없는 종로 바닥에 난데없는 개나리의 행렬.
 한겨울 온실에서, 공약公約하는 햇볕에 마음도 없는 몸을 내맡겼다가,
 태양이 주소住所를 잊어버린 마을의 울타리에 늘어져 있다가,
 부업副業에 궁한 어느 중년사내, 다음 계절을 예감할 줄 아는 어느 중년사내의 등에 업힌 채 종로 거리를 묶여가는 것이다.
 뿌리에 바싹 베개를 베고 신부新婦처럼 눈을 감고 우리의 동면冬眠은 아직도 아랫목에서 밤이 긴 날씨, 새벽이 오기 전에 목청을 터뜨린 닭 때문에 마음을 풀었다가….
 닭은 무슨 못 견딜 짓눌림에 그 깊은 시간의 테러리즘 밑에서 목청을 질렀을까.
 엉킨 미망인未亡人의 수실처럼 길을 잃은 세상에, 잠을 깬 개구리와 지렁이의 입김이 기화氣化하는 아지랑이가 되어, 암내에 참지 못해 청혼請婚할 제 나이를 두고도 손으로 찍어낸 화병의 집권執權의 앞손이 되기 위해, 알몸으로 도심지에 뛰어나온 스님처럼, 업혀서 망신亡身길 눈 뜨고 갈까.
 금방이라도 눈이 밟힐 것 같이 눈이 와야 어울릴, 손금만 가지고 악수하는 남의 동네를, 우선 옷 벗을 철을 기다리는 시대여성時代女性들의 목례目禮를 받으며 우리 아버지가 때 없이 한데 묶어 세상에 업어다놓은 나와 내 형제 같은 얼굴로 행렬을 이루어 끌려가는 것이

다. 온도溫度에 속은 죄罪 뿐, 입술 노란 개나리 떼.

　이것이야말로 제정신을 갖고 쓴 시다. 이 정도의 제정신을 갖고 지은 집이나, 제정신을 갖고 경영하는 극장이나, 제정신을 갖고 방송하는 방송국이나, 제정신을 갖고 제작하는 신문이나 잡지나, 제정신을 갖고 가르치는 교육자를 생각해 볼 때 그것은 양식을 가진 건물이며 극장이며 방송국이며 신문이며 잡지이며 교육자를 연상할 수 있는데, 아직은 시단의 경우처럼 제나름의 양식을 가진 것이 지극히 드물다. 균형과 색조의 조화가 없는 부정의 건물이 너무 많이 신축되고, 서부영화나 그것을 본 딴 국산영화로 관객을 타락시키는 극장이 너무 많이 장을 치고, 약 광고의 선전에 미친 방송국이 너무 많고, 신문과 잡지는 보수주의와 상업주의의 탈을 벗지 못하고, 교육자는 '6학년 담임 헌장'이라는 기괴한 운동까지 벌이게 되었다.
　"제정신을 갖고 사는 사람은 없는가." 이에 대한 처방적인 나의 답변은, 아직도 과격하고 아직도 수감 중에 있다.

* 이 글은 작고한 김수영 시인이 월간 종합지 〈청맥〉 1966년 5월호에 기고한 시론이다.
  제 작품을 전재하여 언급한 글이기에 제 초기 시의 경향을 이해하는 데
  도움이 될 것 같아 소개한다.

해설

젊은 시 정신의 청솔 빛 향기가 살아 움직이는 시의 세계

심상운(시인, 문학평론가)

1. 들어가는 글

김재원 시인은 1959년 조선일보 신춘문예를 통해 시단에 등단하여 4·19와 5·16이라는 1960년대의 역사적 사건의 현장에서 청년시인으로서 격동기의 현실을 날카롭게 베어내는 칼날 같은 저항시抵抗詩를 일간신문과 〈사상계〉〈세대〉〈현대문학〉〈창작과 비평〉 등의 잡지에 발표하여 같은 세대의 젊은 독자들의 가슴을 감동의 언어로 출렁이게 했던 시인이다. 그래서 65편의 시편들이 세 개의 작은 마을을 이루고 실려 있는 이 시집은 당시에 발표했던 시편들을 보존한다는 의미에서도 역사적 가치를 지닌다고 말할 수 있고, 한국현대시사韓國現代詩史에서 1960년대 젊은 저항시의 정신을 보여주고 있다는 관점에서도 중요한 시집으로 평가될 수 있을 것으로 본다.

이런 저항시는 풍자시諷刺詩로 변모하기도 하는데, 1960년대 한국 현대시의 현장에서 현실 풍자시로 송욱의 연작시 「하여지향」 김수영의 「하… 그림자가 없다」와 함께 김재원의 「5월의 천하지대본天下之大本」이 준 충격과 감동은 50여 년이 지난 현재에도 동시대의 독자들의 의식의 밑바닥에서 살아 움직이고 있으리라 생각한다. 그리고 그런 시들이 한 시대의 시 정신을 드러내는 젊은 시라는 생각에 변함이 없으리라고 믿는다.

풍자는 사회 또는 개인의 악덕·모순·어리석음·결점 따위를

161

비웃음, 조롱, 익살스러운 모방, 반어법 등 여러 가지 방법으로 비난하거나 때로는 개선하기 위한 의도로 쓰는 예술형식이다. 따라서 풍자는 현실을 대상으로 시인의 지성(정신)과 감성(양심)이 결합하여 만들어 내는 주지시主知詩의 중요한 기법이 된다.

한국현대시의 현장에서 오랜 세월 변하지 않는 것이 참여시參與詩와 순수시純粹詩의 대립과 공존인데, 순수시는 인간의 내면을 대상으로 예술성을 지향하고, 참여시는 현실의 문제에 대응하여 공리성을 지향하고 있다는 데 차별성이 있다. 그러나 순수시와 참여시는 시정신의 출발 지점이 '자유와 생명의식'이라는 점에서는 다를 수가 없다. 그래서 시인은 인간의 생명과 관련된 현실문제들을 피할 수 없고, 피해서는 안 되는 것이다. 그것은 시인의 존재 이유와 직결되는 문제이기 때문이다. 풍자시는 참여시의 한 장르로 독자들의 정신과 양심에 충격을 가하고 인간의 평등성과 자유, 본질적 생명의식을 각성시키는 역할을 하고 있다. 그래서 필자는 김재원 시의 저항성과 풍자성, 시 정신의 지속성에 관점을 두고 이 시집의 해설을 하고자 한다.

2. 시편 들여다보기

가. 전후의식과 저항시

1959년 조선일보 신춘문예 데뷔작 「문門」에는 어떤 현실적 사건이 없다. 그래서 이 시는 시인의 순수한 내면의식의 갈등으로 이해될 수도 있다. 그러나 "나 혼자 돌아앉은 방房" "문 하나를 사이하고/두 개의 나는 서로 손잡을 길이 없다"라는 구절은 남과 북으로 갈라진 조국의 현실과 6·25전쟁의 기억이 시인의 무의식 속에서 만들어낸 이미지라는 유추類推를 가능하게 한다. 그런 유추를 뒷받침하는 것이 당시의 어둡고 절망적인 '전후의식戰後意識'이다. 따라서

이 시 속의 "두 개의 나" "한 마리 짐승" "소유(所有)가 두 개로 갈라선 나"는 전쟁의 피해자로서의 시인의 의식이 얼마나 치열하고 자아분열적(自我分裂的)이었나를 암시하고 있다.

누가 밖에서 부르고 있다

모두 멀리하고
나 혼자 돌아앉은 방(房) 속에
저건 누구의 음성(音聲)인가

나는 지금 아무데고 갈 수 없다
사실은 벌써 딴 곳에 가 있었다

귀를 막고 엎드린 방 속에선
문(門)밖에 일어나는 일을
도무지 알 수가 없지만

그것은 다른 곳에서
내가 저지르는 일들이다

나는 어느 로터리에서처럼
길을 잘못 들어
이 방에 오게 된 한 마리 짐승

녹이 슨 방안에 가구(家具)들을
하나도 버릴 수가 없다
길에 떨어진 무슨 물체(物體)들을
나는 또 열심(熱心)히 줍고 있다

부르는 소리에 대답도 없이 엎드려서
문밖에 나를 마주 부르는데

소유^{所有}가 두 개로 갈라선 나에겐
이대로 그냥 문이 열려도

낯선 마을에 들어선 객^客을 향하여
개만 컹컹 짖고
나는 마침내 병^病들 것이다

타협^{妥協}은
색^色만 같은 하늘과 바다

문 하나를 사이하고
두 개의 나는
서로 손잡을 길이 없다
-「문」 전문

전후의식 속에서 달팽이처럼 웅크리고 있던 시인의 의식은 4.19를 겪으면서 현실 속으로 의식을 분출하고 있는데, 그 출발을 알리는 시가 1960년 7월 '4·19 희생자 위령제'에서 발표한 시「그날 너는 내 옆에 있었는데」이다. 이 시는 4·19 때 함께 스크럼을 짜고 데모하던 친구가 이마에 총탄을 맞고 희생된 사건을 비교적 객관적으로 그려내어 분노와 공감의 폭을 확대하고 있다. "4월" "창경원 밤 꽃놀이" "소녀의 이야기" "천일백화점 앞에서 깡패에게 매맞던" 등의 서사^{敍事}가 더 절실하게 친구의 죽음을 애통하게 한다. 그것은 시의 서사가 관념이 아니고 사실이기 때문이다. 천일백화점 앞 사건은 4월 18일 동대문 정치깡패 일당이 평화적 데모를 마치고 귀교하는 고려대 학생들에게 몽둥이로 집단폭행을 가한 정치 테러로 4.19의 도화선이 된 사건이다.

　4월의 어느 날을 골라 너는 창경원으로 밤꽃놀이를
　가자고 했다. 그리고 곧잘 너는 네 소녀의 이야기를
　들려주며 꽃이 필 4월을 기다리고 있었다.

　그러나 밤꽃놀이의 불꽃이 펑펑 터지는 게 보이는
　천일백화점 앞에서 깡패에게 매를 맞던 그 이튿날.
　그 녀석들을 때려주겠다고 가방 속에 책 아닌
　돌멩이를 잔뜩 넣어가지고 등교했던 너는
　그날 19일
　내 옆에 서서 목청이 높았는데
　우정이 용기를 불러준다고 스크럼을 더 굳게 했는데

　꽃이 없는 4월의 하늘에 네 이마박이 뚫어져 흘린
　그 피는 크낙한 꽃을 피웠는데.
　아 - 아. 지금
　나는 너를 기억하기 위한 까만 상장을 가슴에 달고
　네가 서야 했을, 어떻게도 이름할 수 없는 자리에 대신
　서 있는 것이다.
　-「그날 너는 내 옆에 있었는데」 3,4,5연

　민주혁명(4·19)과 군사 쿠데타(5·16)가 있었던 1960년대 초기는 한국의 역사에서 격동기로 기록되고 있다. 자유당 정권의 불법선거와 독재에 항거하여 분기奮起한 학생들이 피로 쟁취한 민주주의가 1년 만에 군사 쿠데타로 인해 무너지고, 군사독재의 시대가 되었을 때, 청년시인은 억울하고 분한 상황을 현실적인 저항의 언어

에 담아 독자들에게 호소하고 있다.「당분간當分間」에서 그는 "노래하고 싶은 젊은이들이/죽음을 생각하는 거리,/다시 이 거리에 4월이 온다./4월이 와서 싹트는 시한폭탄의 심지여,"라고 분기를 다짐하고 있다. 그 당시 이 시가 1962년 4월 19일자 경향신문에 발표되었다는 사실이 놀랍다. 이 시는 김재원 시인이 민주주의를 향해 온몸으로 돌진하는 전사시인戰士詩人이었다는 것을 확인하게 한다.

   살의도 없이 공약公約도 없이
   일어난 게 우리의 잘못이었지만
   4월이여. 세월은 헐벗은 산하에
   라일락만 한아름 피워놓았다.

   헌법 대신에
   조치법으로 다스리는 5월이여.
   총을 들어 너만 '혁명'이고
   피 흘렸지만 맨주먹이라
   헌법전문憲法前文에도 우리는 '의거'냐?
   (중략)
   노래하고 싶은 젊은이들이
   죽음을 생각하는 거리,
   다시 이 거리에 4월이 온다.
   4월이 와서 싹트는 시한폭탄의 심지여,
   선생님이 그랬다.
   다시는 터지지 말아야 한다 – 고.
   어머니도 그랬다.
   그건 가보家寶로 둬야 한다 – 고.
   그러나 4월의 창 밖에 동포는 슬프구나.
   쓸어버리고 싶도록 동포는 슬프구나.

―「당분간」1,2연, 9연

「손오공도 싫다는 나라」에서는 계엄령을 앞세워 군화가 대학 교정을 점령하고 저항하는 학생들을 내란죄로 재판하는 당시의 상황을 시인은 사실적인 언어로 표출하고 있다. 그러면서 조국에 대한 사랑을 노래하고 있다. 50년이 지난 세월에도 불구하고 시의 언어와 의기義氣가 신선하게 감지된다.

1.
우리의 가슴을 짚고 간 것은
6월에,
장미꽃 이파리의 채색이 아니었다.
대학의 캠퍼스,
거기 수 놓여진 군화 자국의 무늬와,
오늘 친구들은 법정에서
내란죄로 재판을 받는다.
여기서 그 지성은
내란의 의미로 번역되고 있었다.

2.
걸리버도 구경하지 못한 나라.
손오공도 구경하기 싫다는 나라.
그러나 이제 조국이라고
나는 사랑할 수 있을 것 같다.
―「손오공도 싫다는 나라」1부, 2부 앞부분

나. 현실 풍자시

앞에서도 언급했지만 풍자는 부조리不條理한 사회풍조, 악덕, 모순 등을 비웃음, 조롱, 반어법 등의 방법으로 비난하여 개선을 요구하는 시적 수사법이다. 따라서 풍자는 지성(정신)과 감성(양심)이 결합된 주지시의 중요한 기법이 되고 있다. 「악의 꽃」으로 유명한 19세기 프랑스의 상징주의 시인 보들레르는 「낭만파浪漫派 예술론藝術論」에서 "감옥에서는 시는 폭동이 된다. 병원의 창가에서는 쾌유에 불타는 희망이다. 시는 단순히 확인만 하는 것이 아니다. 재건하는 것이다. 어디에서나 시는 부정不正의 부정否定이 된다."라고 했다. "감옥에서는 시는 폭동이 된다" 그리고 "어디에서나 시는 부정의 부정이 된다"는 그의 말은 부조리한 사회에서 시인의 역할이 무엇인가 하는 것을 제시하고 있다. 그런 관점에서 1962년 5월 조선일보에 발표된 「5월의 천하지대본天下之大本」은 통렬한 사회풍자의 시로 가치를 갖는다. "차라리 자살도 할 수 없게//골수에 사무친 체념 때문에/그저 그렇게 살려니/하고 서울 소식에 귀기울이면//어떤 분은 반도호텔 옥상에서/보리쌀 한 말 값의 코카콜라나/정치를 한답시고 홀짝거리며/우리네 밑바닥 백성이야/아예, 생각도 않으시나 보다." '보릿고개'라는 단어가 어떤 상황을 말하는지, 1960년대 우리 국민들이 얼마나 배고프고 가난했는지, 지금은 상상하기도 어렵다. 초근목피草根木皮로 연명하면서 살던 그 시대의 가난과 정치의 부조리를 비웃음과 조롱으로 풍자하고 있는 이 시는 시적 진실이라는 면에서 당나라 두보杜甫의 시 「석호촌石壕村에서」를 연상시킨다.

빈 젖 물리던 증조할머니의
늑대도 안 무섭던 옛이야기는
지금은 기껏해야 배고픈 소리,
자빠져 라고 욕이 나온다.

들판에서 봄바람은 불어오지만
곡식냄새 안 섞인 깡마른바람.
속모르는 하느님은 철이 왔다고

개천가 언덕에 진달래도 피게 하고
다 큰 계집애의 젖꼭지도 익히는데

'내가 죽지 않는 것은
한 번뿐인 자살을 아끼기 때문'

문둥이 시인님은 맘도 편하지.
목숨도 아끼기 어려운 세상에
자살쯤야 아껴서 무엇에 쓸까.
차라리 자살도 할 수 없게

골수에 사무친 체념 때문에
그저 그렇게 살려니
하고 서울 소식에 귀기울이면

어떤 분은 반도호텔 옥상에서
보리쌀 한 말 값의 코카콜라나
정치를 한답시고 홀짝거리며
우리네 밑바닥 백성이야
아예, 생각도 않으시나 보다.

저승길 가기보다 멀고 험한
보릿고개 길 옆에는 꽃이 피는데
이름만 좋아서 될 것이 안 되는

'천하지대본'은 배가 고프다.
'천하지대본'은 배가 고프다.
 ─「5월의 천하지대본」 전문

「수신제가修身齊家」에서도 "사색되는 사색四色" "자유를 양보하라, 예스" "나는 무조건 예스하는 품팔이" 등의 언어유희와 독재화하는 정치현실을 비꼬고 조롱하는 반어법이 독자들의 흥미를 돋우고 공감대를 넓히고 있다.

박제된 공화국을 아십니까?
헌법조차도 여기선 외래품이올시다.

조국이 뻗어가는
지름길은 사대주의.
사색되는 사색四色 덕에
골탕먹는 인텔리.

낯선 청춘과
어색한 성욕이
푸드득 기를 쓰다
돌아앉은 혁명이고

자유를 양보하라, 예스.
정의를 구슬려라.
진실을 눈감으라, 예스, 예스.
조국이 하라시면
나는 무조건 예스하는 품팔이.
-「수신제가」1, 2, 3연

이 밖에도 1965년 〈사상계〉에 발표한 「병풍屛風 속의 수탉처럼」과 「기도문장」 「어려웁게 한 마리씩만」 등이 부조리한 현실에 메스를 들이대는 풍자시로 읽힌다.

다. 시 정신의 지속성

김재원 시인은 1960년대 이후 시에서 벗어나서 잡지를 발행하는 직업인으로서, 산문으로 시론時論을 쓰는 문필가로서 자신의 현실 참여 의지를 지속한 것으로 알려져 있다. 「시외선市外線을 타고」에서는 그런 그의 면모를 살펴볼 수 있다. 이 시에서 "나는 자꾸 앞으로만 간다./시론時論에 실려,/나를 뒤에 남겨두고."의 구절에서 시인은 「문門」에서와 같이 두 존재로서의 '나'를 보여주고 있다. 하나는 시론에 실려 앞으로 가는 '나'이고 또 하나는 뒤에 남는 '나'다. 그래서 뒤에 남은 '나'와 '시론時論'의 관계는 시와 산문의 관계로 해석된다. 뒤에 있는 나는 시의 세계에 있는 존재이고 앞으로만 가는 나는 현실적 존재라는 관점에서 그렇게 파악된다. 그러나 이 시에는 현실적인 문제의식에서 벗어나서 자신을 응시하는 자기 존재에 대한 성찰이 맑은 물처럼 흐르고 있어서 열정의 청춘기를 보낸 시인의 완숙해진 모습이 중량감으로 다가온다.

1
나는 자꾸 앞으로만 간다.
시론時論에 실려,
나를 뒤에 남겨두고.
9월의 녹색 출렁임,
시간과 함께 머문 자의 중량.
나도 고개 숙이고 싶다.
떠받치고 있는
때묻은 여름,
나는 바지랑대처럼은
받치고 설 수가 없다.
근년近年의 나의 세대는
그렇게 무거운 남루였으니.

2
여름내 교정校正에 말려간 나의 청춘을
이 가을 신간新刊은 보상할 것인가?
튀여 나오는 오자誤字.
나의 손길이 저지른 쭉쟁이,
나는 그것을 지면紙面 밖으로 팽개쳤다.
그래서 다시 은행알이 익는 가을,
가을은 풍성히 살찌겠지만,
또 한 살 가을,
나는 나이를 잃는구나.
나를 보내며
뒤에 남은 풍경은 손짓한다.
만추를 향하여 그 중량을 향하여
달려가는 가벼운 체중,
세대의 지면紙面 밖으로
나는 떠밀린
올해도 또 하나 오자誤字인가.
―「시외선을 타고」 전문

이 시집의 제1부에 실린 시 「50년 만에 부르는 연가戀歌」는 1960년대 이래 50여 년 간 시로부터 떠나 있던 김재원 시인의 시에 대한 고백의 말로 들린다. 그는 시에서 떠난 듯 했지만 가슴 속에는 시에 대한 사랑을 가득 안고 살아온 것 같다. 그것은 청솔 빛같이 싱싱한 시정신의 지속을 의미한다.

(전략)
오늘도 나의 마음은 별처럼 자리를 옮겨가며
어둠 속을 헤맨다.

당신의 마음이 자리 잡는 곳을 찾아서.
50년이 지나도록
당신의 발 한번 씻겨주지 못하고
가슴 속엔 바늘 하나 꽂을 빈 틈이 없다.
당신이 내 가슴 속을 가득 채우고 있으니.

지금 황량한 들녘
일몰 앞에 서서
다시 무릎 꿇고
떨리는 음성으로
그 기도를 드리고 싶다.
- 「50년 만에 부르는 연가」 후반부

3. 나가는 말

필자는 김재원 시인의 시집 『깨달음으로 뜨는 별 하나』에 실린 65편의 시편들을 조감鳥瞰하면서 가. 전후의식과 저항시 나. 현실과 풍자시 다. 시 정신의 지속성이라는 관점에서 해설했다. 앞부분에서 이미 언급한 바 있지만, 이 시집은 4·19의 당시의 체험을 담은 시편들을 보존한다는 의미에서 역사적 가치를 지니고 있으며, 한국현대시사韓國現代詩史에서 1960년대 젊은 저항시의 정신을 보여주고 있다는 점에서도 예사롭지 않은 시집으로 평가될 수 있을 것으로 본다. 1960년대의 민주주의를 위한 김재원의 저항시는 1980년대에 절정을 이룬 민중시의 뿌리가 되었다고 말할 수 있기 때문이다. 참여시의 '거대한 뿌리'로 평가받는 김수영 시인이 1965년 〈청맥〉에 발표한 "제정신을 갖고 사는 사람은 없는가"라는 글에서 신동엽 시인과 함께 김재원 시인을 그 시대의 제 육성을 가진 '시인다운 시인'으로 평가한 것도 매우 중요한 증거 자료가 된다. 이 시집 해설의 제목을 "젊은 시 정신의 청솔 빛 향기가 살아 움직이는 시의 세계"라고 명명命名한 근거도 그런 자료들을 종합한 결과다. 5.16 이후의 저항시와 함께 1960년대 김재원 시인의 풍자시도 한국현대시의 풍자시의 계보에 들어 갈 시편들이라고 판단된다.

끝으로 필자는 동시대인同時代人으로서 1960년대 이후 50여 년 간 시인보다는 언론사 경영인으로, 시사평론가時事評論家로 지내다가 첫 시집을 상재하는 김재원 시인의 지속적인 시 정신이 이 시집의 상재로 아름다운 결실을 맺게 된 것을 축하하며, 시인은 목숨이 다 하는 날까지 그 본분을 잃을 수 없는 운명적인 존재라는 생각을 남기며 해설을 마친다.

see in 시인특선 001

김재원 시집
깨달음으로 뜨는 별 하나

인쇄 2014.12.25
발행 2014.12.30

지은이 김재원
펴낸이 서정환
엮은이 민윤식
펴낸곳 문화발전소
서울시 종로구 삼일대로 32길 36 운현신화타워 305호
see편집국 : 서울시 종로구 새문안로 3길 36
내수동·용비어천가 1225호
Tel 02-742-5217 Fax 02-742-5218

ISBN 979-11-953101-2-8 04810
ISBN 979-11-953101-1-1 (세트)

「이 도서의 국립중앙도서관 출판예정도서목록(CIP)은
서지정보유통지원시스템 홈페이지(http://seoji.nl.go.kr)와
국가자료공동목록시스템(http://www.nl.go.kr/kolisnet)에서
이용하실 수 있습니다.(CIP제어번호: CIP2014037080)」
값 10,000원

ⓒ 김재원
PRINTED IN KOREA

*저자와의 협약에 따라 인지는 생략합니다.
*파본 및 제본이 잘못된 책은 구입서점에서 교환하여 드립니다.
*이 책은 문화발전소가 저작권자와의 계약에 따라 발행한 것이므로
 이 책의 전부 또는 일부를 재사용하려면 반드시
 저작권자에게 서명동의를 받아야 합니다.